LOGICAL OUTPUT WORKBOOK

入社1年目から差がつく

ロジカル・アウトプット練習帳

グロービス［著］
岡 重文［執筆］

東洋経済新報社

まえがき

伝えるということは、相手にメッセージという贈り物を届けること

ビジネスシーンにおいて、自分の考えていることを相手に伝えるということは重要です。なぜなら、自分一人だけで何かを成し遂げることには限界があるからです。仲間の協力が不可欠になると自分の考えていることを相手にきちんと届ける必要があります。そのためには、まず、自分の考えていることが土台としてしっかりあることが出発点になります。ただ、自分の考えていることを単に伝えるだけでは、残念ながら、相手には届きません。なぜなら、相手は、自分とは違うからです。従って、本書では、自分の伝えたいことをいかに論理的、そして合理性が高い内容にするのかということについては直接的なゴールにはしていません。いくら内容を論理的に強固にしても受けとめてもらわなければ、意味がないからです。

相手に受け止めてもらうためには、まず、伝えようとしている内容を相手がどのように受け止める可能性があるのかということをしっかり考える必要があります。そして、どのように伝えるとわかりやすいのか、理解されやすいのかを考えることも重要です。あなたの伝えたいことを「相手起点で考え」「わかりやすさ」という包装紙に包んで、相手への贈り物にする必要があるということです。

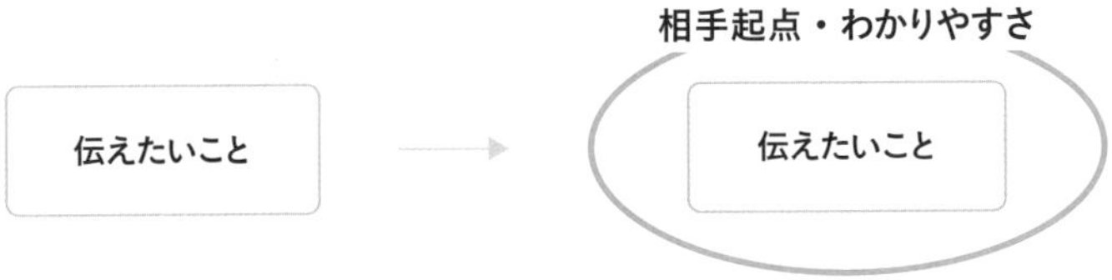

相手への贈り物にする

相手起点、そして、わかりやすさが中心

「相手から考える」、「わかりやすく伝える」、2つの視点を柱に、それぞれ基礎編、具体編で構成しています。最後に、発展編として、「工夫して伝える」を加え、5つのCHAPTERで構成しています。

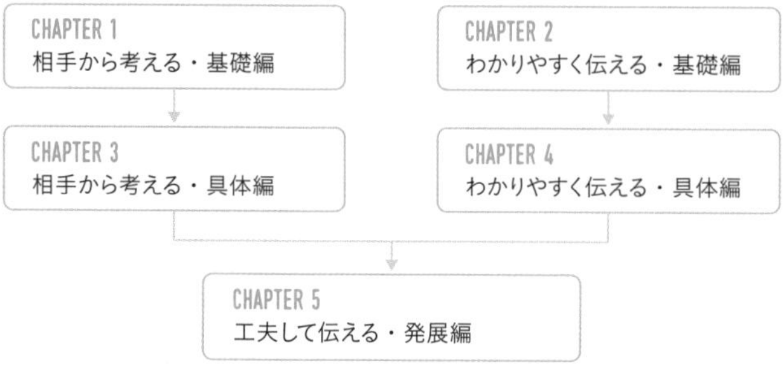

・CHAPTER 1 は、「相手から考える（基礎編）」

相手から考えるための基本的理解を得るための内容です。相手に対してどのように向き合えばよいのか、そして、どのような手順で思考を進めればよいのかを考えます。

・CHAPTER 2 は、「わかりやすく伝える（基礎編）」

わかりやすく伝えるための基本的な理解を得るための内容です。どのように表現すればよいのか、そして、どのような内容にすればよいのかということを考えます。

・CHAPTER 3 は、「相手から考える（具体編）」

相手から考えるためには具体的にどのようにすればよいのかを考えます。受け取りやすいようにどう伝えればよいのか、そして、受け取ったあとのことも想定して伝えるにはどうすればよいかということを考えます。

・CHAPTER 4 は、「わかりやすく伝える（具体編）」

わかりやすく伝えるためには具体的にどのようにすればよいのかを考えま

す。目に訴えるためにはどうすればよいか、想いを伝えるためにはどのようにすればよいかを考えます。

・CHAPTER 5 は、「工夫して伝える（発展編）」

発展編として印象に残すためにはどうすればよいのか、説明というやり方以外で伝えることはできないのかということを考えます。

「基礎」→「具体」→「発展」と順に理解が進められる流れになっています。

頭でわかっていても実践できなければ意味がない

1つ1つの思考技術は、いずれも基本的なことです。読んでしまえば、当たり前のことと感じる方も少なくないでしょう。ただ、基本的なことは、得てして、頭ではわかっているけど、いざやってみようとするとできないものです。そこで、本書では、わかることとできることを少しでも近づけていくために、3つのステップで理解を進められるようにしました。

まず、どのように考えればよいのかを例題と共に解説をしています。また、どのように頭を使っていけばよいのかを手順化して示しています。基本となる考え方についての理解と方法を押さえてください。

次に、「演習問題」を用意しました。例題を通じて、頭で理解できたことを、自分の頭を使って、実際に考えてみることができるようになっています。読み進めてしまうのではなく、たとえ、1分でも2分でも、ちょっと考えてみることをお勧めします。

最後に、さらに理解を進めるために、関連するポイントや発展させた考え方を紹介しています。

自分の思考を客観視することを意識しよう

本章に入っていく前に、そのすべてに共通する大切な頭の使い方を紹介しておきましょう。それは、「自分自身の考え」に対して、客観視して捉えなおすことができるということです。言わば、もう1人の自分を出現させて、自分の思考に対して、きちんと評価をさせるというイメージです。「メタ（高次の）認知」という言い方などもされます。普通に思考をしているレベルから、次元をあげて、俯瞰的に物事を捉えることと理解をしてください。

このメタ的な頭の使い方ができると、自分の思考に対して、自身でフィードバックをいれることができます。そうすることによって、自分自身の思考の質を高めることができます。また、相手がいる場においても「その場」で議論している自分と、その場で何が起こっているのかを客観的に理解しようとするもう1人の自分を置くことができます。その結果、議論の背景の理解や、そもそも論じる点が何なのかなどが考えやすくなります。

得てして、人は自分自身が何を考えているかがわかっていないものです。意識的にもう1人の自分を育て、自分自身の思考をチェックできるようになることが、「わかりやすく伝える」ことを身につける近道になります。ここからは、もう1人の自分を育てながら、20の技術を見ていきましょう。

自分自身の思考を客観視できるもう 1 人の自分を育てる！

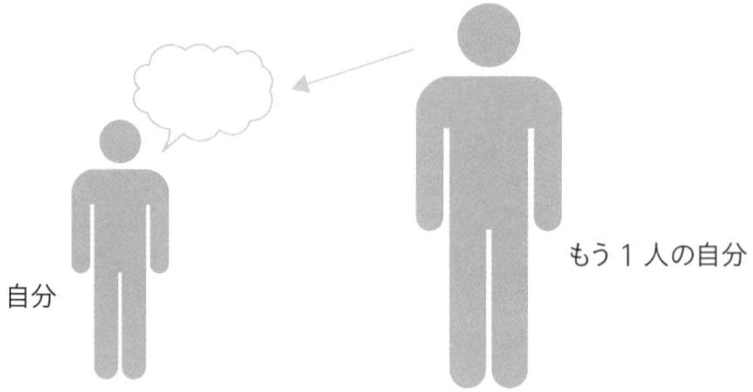

CONTENTS

CHAPTER

1

相手から考える（基礎編）

コミュニケーションは、あなたが伝えたいメッセージを「相手」に届けようとする行為です。つまり「相手」の存在が不可欠です。「相手」をどのように捉え、どういう姿勢でコミュニケーションに臨むとよいのか。個別性をどこまで追求すればよいのか。相手に対する向き合い方が重要です。また、相手の立場から考えるとは具体的にどういうことなのか。どのように準備をすればよいのか。その手順も大切です。本章では、「相手から考える」とはどういうことかを学びます。

相手から考える（基礎編）

- 向き合い方
  - 01　コミュニケーションは伝わったことがすべて
  - 02　一人ひとりに合わせることをさぼらない
- 手順
  - 03　相手の立場から問いを設定する
  - 04　準備して臨む

LESSON 01

コミュニケーションは伝わったことがすべて

コミュニケーションが上手い人は最初から上手くできたのでしょうか。もちろん、最初から上手くできた人もいるかもしれません。ただ、上手くなるための大事な心構えがあるのも事実です。上達するために必要な心構えは何なのか、コミュニケーションに向き合っていくための根本的かつ大切な考え方は何なのでしょうか。

あなたは、これから出張です。2時間半ほど新幹線に乗る必要があります。混んでいる場合は、出入りがしやすいように通路側の席を、空《す》いている場合は、景色を楽しむために窓際の席をとろうとみどりの窓口に向かいました。さて、通路側の席にするか、窓際の席にするか、その判断をするために、あなたはどのように問いかけますか？

これは、実際に私自身が置かれていた状況で、当時とっさに思いついたのが次の問いかけでした。

「次の16時発、新大阪行きの新幹線、空《す》いていますか？」

もし、空《す》いていますと答えが返ってきたら、「窓側で」、混んでいますと答えが返ってきたら、「通路側で」とお願いしようと考えていました。

窓口の職員の方は、満面の笑みで、「はい、まだ十分、空《あ》いていますよ。あと300席あります！」と答えてくれました。残念ながら、300席空《あ》いているという状況から、私は通路側、もしくは窓側のどちらにすればよいのか判断することができませんでした。

このエピソードからお伝えしたいことは、「コミュニケーションの結果は受け手が決める」ということです。話し手が伝えたかったこと、聞きたかったことはもちろんある訳ですが、どう伝わったかがすべてということです。

今回の事例も、職員の方は、空《す》いているかという問いかけに、300席という具体的な数値も添えてくれました。満点の回答と言ってもいいかもしれません。自分自身の考える結果が得られなかった原因は相手にあるのではありません。自分の発した問いが適切ではなかったのだというスタンスをとるようにしましょう。

何かを説明し、相手からの反応を聞いて、「そんなつもりはなかった」「そんな意図はなかった」と想定と違った結果になることもよくあります。ただ、そんなつもりはなかったとしても、「そんなつもり」に伝わってしまったのであれば、その結果がすべてです。

なぜならば、そう相手が受け止めてしまったからです。もしくは一生懸命説明をしても、それでも相手からよくわからなかったと言われてしまうこともあるでしょう。こんなとき、得てして、伝わらない理由を「相手の理解力がないからだ」と相手に求めてしまいがちです。実際にその話を理解するための前提の知識を相手が持っていなかったということもあるかもしれません。それでも、その前提の知識を持っていないかもしれない相手に対して理解してもらえるだけの説明ができなかったというスタンスで振り返るようにしましょう。なぜなら、変えることができるのは、相手ではなく自分の伝える内容だからです。

POINT

コミュニケーションは、結果がすべて！　受け手絶対主義で考える

コミュニケーションの結果は受け手が決めるということになると、悩ましい状況が生じてしまいます。それは、伝える相手ごとに受け止め方が変わるということです。同じことを伝えたとしても、同じ結果が得られない可能性があるということです。つまり、正解が1つに決まらないということにもなりますし、逆に正解がないとも言えます。

この正解がないという状況にどう向き合うかがコミュニケーションの上達を分けることになります。1つは、正解がないのであれば、あれこれ考えることをやめよう……と考えてしまうこと。もう1つは、正解がないなりに一生懸命考えてコミュニケーションに臨もうとすること。どちらの方が、経験を次に活かせるかという視点で考えると、答えは明白です。努力を怠った者と試行錯誤を繰り返した者の差は大きくなっていきます。

受け手絶対主義で向き合うこと、そして正解がないからこそ、一生懸命考えてコミュニケーションの機会に臨むことの2点を心がけてください。

演習問題

「相手の立場にたって考えよう」ということがよく言われます。では、「相手の立場にたって考える」とは、具体的に、相手の何を考えることなのかを考えてみてください。

解答

まず、伝えようとしている内容に対して、以下の3つが考えられます。

・どのような認識を持っているか
・どのような関心を持っているか
・どのような反応をしそうか

それぞれについて詳しく説明します。

・どのような認識を持っているか

認識とは、何を知っていて、何を知らないかということです。相手が既に知っていることを語るのは相手に苦痛になります。逆に、知っていることを踏まえて話すということも重要ですので、既に何を知っているのか知らないのかを押さえる努力をしましょう。

・どのような関心を持っているか

関心は、伝えようとしている内容に対する関心の「程度」がポイントです。そもそも関心があるのか、ないのか、関心があるのであれば、強い関心なのか、弱い関心なのか。さらに、方向性として、前向きなのか、中立的なのか、後ろ向きなのかなどを押さえておくようにしましょう。

・どのような反応をしそうか

反応は、実際にあなたが伝えたいことを伝えた際に、どのような反応をしそうかということです。具体的にどんなコメントが出てきそうかということを「問い」の形で考えてみるとよいでしょう。「問い」で表現することで、何を伝えていけばよいのかが考えやすくなるからです。

この認識・関心・反応は、伝えようとする内容によって変わるものです。コミュニケーションをする内容ごとに、3つの要素を考える習慣をつけておきましょう。

先述の3つに加えて、性格や能力など資質的な要素、年齢や性別など属性的な要素、そして、組織や役職など環境的な要素なども押さえておきましょう。これらは、個人に紐づく要素になります。個人に紐づく要素については、いついかなる場合もこれらのすべての要素を考える必要があるという訳ではありません。相手のことを知らない初対面のコミュニケーションの場合や、大事な打ち合わせやプレゼンなどの場合に、できる範囲で情報収集をして準備するようにしましょう。

また、十分な準備ができない場合もあります。準備をしても調べきれない場合もあります。そんなときは、進め方を工夫することも可能です。たとえば話の序盤はこれらの情報収集をしながら（反応を見ながら）進めるということも可能です。

「相手の立場にたつ」というのはどういうことなのかについていくつか要素を紹介しましたが、これがすべてという訳ではありません。「相手の立場にたとう」というかけ声だけにならないよう具体的に何をどう考えることなのか、いろいろと考えてみましょう。具体化が伴って初めて実践につなげていくことができます。

STEP UP!

最後に、もう1つ重要な要素、相手との関係性について考えます。コミュニケーションは、二者間でのやりとりです。二者の関係性がコミュニケーションに影響を与えることになります。同じことでも誰が言うかによって、受け止め方が変わるということは、多くの方が経験されていることでしょう。話をする人の過去の実績や経験が、話す内容に説得力を持たせているということもあるでしょう。もしくは二者間で積み重ねてきた信頼があるからこそ受け止めてもらえるということもあります。関係性については、どういった場合に、どのように伝えればよいかという定型化は簡単ではありません。

ただ、関係性がコミュニケーションに影響を与える重要な要素であることは事実です。相手との関係性がどのような状況にあるのか、自分自身はどのように見られているのかということをしっかりと考慮に入れて、何をどう伝えるかを考えるようにしていきましょう。

伝える内容ごとに考える必要のある、「認識・関心・反応」、それに影響を及ぼす聞き手自身の状況、そして、大事な要素となる相手との関係性、この3つを意識するようにしましょう。

［相手の事を考えるための3要素］

1　伝える内容に対する、認識・関心・反応

2　聞き手自身の状況（資質・属性・環境）

3　聞き手と「自分」との関係性

まとめ

- ☑ **コミュニケーションの結果は受け手が決める、相手ごとに正解は異なることを理解する**
- ☑ **伝わらない原因は自分にあるという姿勢を持つ**
- ☑ **成長のポイントは、事前の準備をした上で試行錯誤が繰り返せるかどうかである**
- ☑ **相手について、できる範囲で考える努力をする**
- ☑ **関係性も重要な要素であることは忘れないようにする**

LESSON 02

一人ひとりに合わせることをさぼらない

コミュニケーションの鉄則は、受け手絶対主義です。ということは、受け手によって、答えが変わるということ。したがって唯一の正解はない訳ですが、だからといって、一人ひとりに合わせることをさぼっていては上達は見込めません。では、相手に合わせる際に、どのように合わせていけばよいのでしょうか。一人ひとりに合わせるために、何を合わせればよいのでしょうか。

早速、1つの事例で考えてみましょう。

・A社は重要顧客である
・A社から来てほしいと連絡が入った
・午後のミーティングを別の日に変えてほしい

この3つの情報をいつも課内のミーティングで一緒になることが多いXさんに対して報告するとした場合、どの情報は省略が可能でしょうか。ミーティングの内容にもよりますが、A社は重要な顧客であることはおそらく理解されていると考えてもよさそうです。そう考えると、

「午後のミーティングを別の日に変えてほしい、A社から来てほしいと連絡が入ったので」

もしくは、

「A社から来てほしいと連絡が入ったので、午後のミーティングを別の日

に変えてほしい」
と伝えることになります。

もしこれが、ミーティング相手である他部署のYさんに対する報告であった場合、どうなるでしょう。仮に同じように報告をしたとします。「午後のミーティングを別の日に変えてほしい、A社から来てほしいと連絡が入ったので」。Yさんはどのように思うでしょうか。「自分との約束よりもA社の方を大切にしている」といった心情を少なからず抱くことになります。

一般論として、社内の関係者より顧客を優先するという考え方はあり得ますが、なぜA社を優先させるのかということについて、きちんとした理由があった方がよさそうです。A社が重要顧客であるということをきちんと伝えることが必要です。

さて、この事例で起こったことを整理しておきます。伝える情報の候補は、Xさんに対してもYさんに対しても同じです。ただ、いつも課内のミーティングで情報が共有できているXさんに対しては、既に知っていると思われる情報については省略が可能でした。

一方、他部署のYさんに対しては、すべての情報を伝える必要があったということです。これはつまり既に相手が知っていると想定できる情報は省略することができるということです。

POINT

1. **言いたいことの全体像を考える**
2. **相手が既に知っている可能性のあるものを明確にする**
3. **省略可能かを判断する**
4. **相手が知らないことを中心に話をする**

❶ 言いたいことの全体像を考える

・A社は重要顧客である
・A社から来てほしいと連絡が入った
・午後のミーティングを別の日に変えてほしい

この3つが言いたいことの全体となります。

❷ 相手が既に知っている可能性のあるものを明確にする

課内のメンバであるXさんは、1つめの情報は知っている可能性があります。他部署のYさんは、A社の位置づけは知らない可能性があります。

❸ 省略可能かを判断する

課内のメンバであるXさんに対しては、省略はできそうです。ただ、もし、課内のメンバであっても、A社の存在は、自分だけが知っている取引先であったりすると省略はできない場合もあります。

他部署のYさんは、A社の位置づけは知らない可能性が高いです。省略はしない方がいいでしょう。

❹ 相手が知らないことを中心に話をする

Xさんには、2番目と3番目を中心に、Yさんには、1～3番目をすべて話をすることになります。

聞き手にとって、既に知っていることを延々と話をされるのは苦痛なものです。相手にとって重複となる情報になっていないかはしっかりと考えるようにしましょう。一方で、情報が足りなくて、逆に苦痛を与えるケースがあるのも事実です。**相手の状況に合わせて、適切に情報をコントロールすることが重要です。**

何を相手が知っているかを見極め、情報の取捨選択をすることが相手に合わせる1つの要素になります。

重要なのは、相手に合わせて、
何を伝え、何を伝えないかを決めること

伝えたい情報	Xさん	Yさん
1	ー	○
2	○	○
3	○	○

演習問題

「課内で新技術に関する勉強会を実施しよう」ということを言うために、(A)(B) 2つの理由づけを考えました。

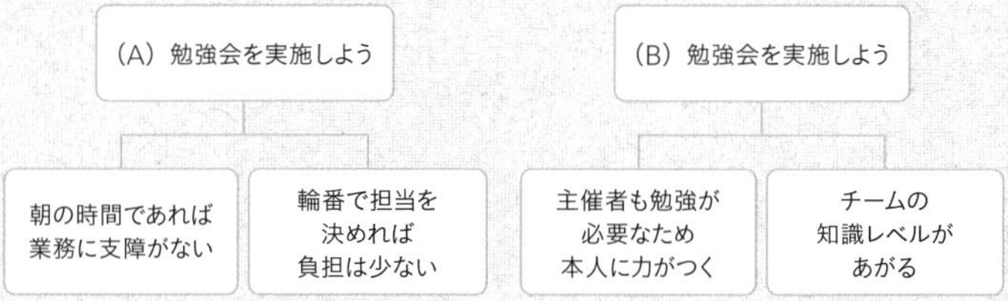

(A)と(B)、それぞれどのような人に対して有効な理由づけになるか考えてみましょう。

解答

まず、理由づけにどのような特徴があるかを考えてみましょう。

(A)の場合

朝の時間帯であれば業務に支障がないこと、輪番で担当することにすれば一人ひとりの負担は少ないということ、これらは実行可能性に軸を置いて理由づけをしていると考えることができます。

(B) の場合

主催者自身が勉強しないといけないため、力がつくこと、そして、聞いているメンバ自身も知識レベルがあがっていくということは、効用に軸を置いて理由づけをしていると言えます。

したがって、例えば、勉強会はいいことだけど、業務に支障がでないようにやってほしいと考えている上司に対しては (A) の理由づけ、そもそも忙しいのになぜ勉強会などをしなければならないのかと考えている同僚に対しては (B) の理由づけで効用を伝えていくことが有効かもしれません。

同じ結論を伝える場合であってもその理由づけは相手の関心によって変わります。複数の理由づけを考えた上で、今回の状況にはどれが適切だろうかと考えてみるようにしましょう。その際には、理由づけの軸も意識しましょう。

どちらがいいのかという直接的な内容ではなく、今回の例では、「実効可能性」なのか「効用」なのかという軸で考えるということです。**軸を意識することで概念化が進むため、どちらをアピールするべきかが考えやすくなります。**

STEP UP!

最後に、組織における人の役割という観点で、整理をします。

一人の個人を考えた場合、社員としての個人、組織の一員としての個人、そして、その人自身という意味での個人と少なくとも3つの顔を有していることになります。

したがって、何かを発言する場合、社員としての個人で話しているのか、組織の一員として話しているのか、一個人として話をしているのかをしっかりと認識し、相手にもしっかりとどの立場での発言なのかが、わかるようにして話をすることが肝要です。

一般的には、相手との関係性の中で、自然と求められる個人が決まってきます。

例えば、社外の人と話をする場合は、相手からはまずは一番外側にある、その会社の人という認識で話をすることになります。これが、社内のメンバであれば、組織としての個人ということになるでしょう。

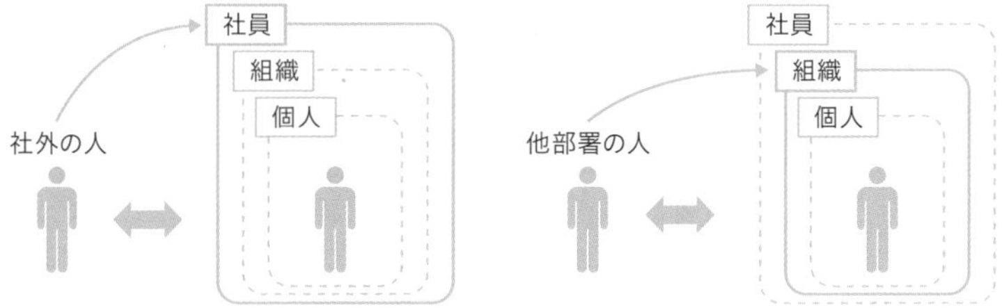

関係性によって立場が変わる

そういう意味では、職場は基本的には、個人とは別の役割を持った集団であるため、個人としての発言はあまりないかもしれません。

一方で立場を前提にして話をすることもできます。

「組織としての見解は、反対ということになりますが、個人的にはすごく応援したいテーマです」

「会社としての方針が決まっているので、そこはどうしようもないのですが、部としては、整合がとれる範囲でできる限り努力するつもりです」

前者は、組織としては反対の立場をとらざるを得ないが、個人としては賛成、後者は、会社としては反対の立場になるが、部としてはできる限り応援したい、というメッセージになります。

立場を使い分けるというのは必ずしもいいイメージではありませんが、逆に立場をはっきりさせて意見を言うことで、広がりを持たせることができます。「個人としては応援している」、「部としてはできる限り応援したい」といったことをきちんと伝えることができるからです。

話を聞く場合も同様です。あくまでも社を背負った立場での発言なのか、逆に一個人としての発言なのかをしっかりと理解して、聞き分けるようにしていきましょう。また、相手に何か意見を求める際にも、組織の前提とは別に、個人的にどう考えるかを教えてほしい……などと、どの立場からの意見を求めているのかといったことについて、明確にしていきましょう。複数の立場での意見を聞くことができるため相互理解を深めていくことができます。

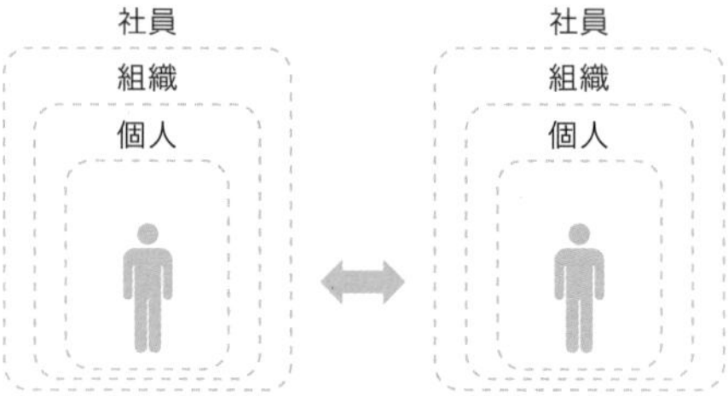

お互いがお互いに
どの立場での意見なのかをしっかりと理解することが重要

まとめ

- ✓ **同じことでも、一人ひとりに合わせて情報の取捨選択をする**
- ✓ **相手が何を知っているか、知らないかを軸に選択する**
- ✓ **複数の理由づけを用意し、相手の関心に合わせて選択する**
- ✓ **どの立場で話をしているのかを明確に伝える**
- ✓ **複数の立場をきちんと使うことでコミュニケーションを豊かにする**

LESSON 03

相手の立場から問いを設定する

伝えたいことがあるからコミュニケーションが始まります。ただ、あなたが伝えたいことは必ずしも相手が聞きたいことではないかもしれません。伝えたいからこそ、話し手基準の内容になってしまう可能性もあります。相手の立場から何を伝えればよいのか。相手起点のメッセージにするためにはどうすればよいのでしょうか。

あなたは、学習塾の広報の担当者です。来年度の生徒募集のために、保護者向けに生徒募集のセミナーを開催することにしています。さて、どのようなことを伝えればよいでしょうか。塾の特徴は何か、どんなカリキュラムなのか、どんな制度があるのかなど、説明しなければならないことはいろいろとありそうです。

ここで考えておかなければならないことは、コミュニケーションの結果は受け手が決めるということ。このままの発想だと自分が言いたいことを伝えることになってしまいます。

そこで、相手起点で物事を考えていくために、相手がどのような目的でこの場にやってきているのか、その目的を具体的に「問い」で表現してみることにします。では、この場に足を運ぶ保護者の最大の関心事はなんでしょうか。どんな特徴があるのか、どんな制度があるのかも知りたいことの1つであることは間違いありません。

ただ、例えば、受験目的であれば、「自分の子供をこの塾に入塾させれば志望校に合格できるのか？」が最大の関心である可能性は高そうです。もしくは、学習塾という機関の特性を考えれば、「自分の子供はここで力がつくのか？」といったことである可能性もあります。

少し整理します。自分の立場から問いを立てると「セミナーで何を話すべきか？」となります。

一方で、相手の関心事から出発すると「自分の子供をこの塾に入塾させれば志望校に合格させられるのか？」もしくは「自分の子供はここで力がつくのか？」といった状況が考えられます。

前者の「志望校に合格できるのか？」が関心であれば、合格実績は大切な情報でしょう。加えて、全体の合格実績以上に、自分の子供が合格できるのかに関心があるはずです。そう考えると、一人ひとりをどのようにサポートしていくかといったことが訴求ポイントになるかもしれません。

後者の「力がつくのか？」が関心であれば、教科ごとの特徴や講師の教え方の上手さといったことをしっかりと伝えることが重要かもしれません。

塾として持ち得ている情報は同じなので、結果的に伝える要素は、それほど大きく変わらないかもしれません。しかし、提供者目線で考えるか、相手目線で考えるかは、大きな違いです。相手目線を起点に考えられるようにしていきましょう。

POINT

❶ 相手側の情景をイメージする
❷ 情景を踏まえて、相手の最大の関心事を問いの形で表現する

❶ 相手側の情景をイメージする

相手の最大の関心事を捉えるためには、まず、相手の置かれている情景をイメージすることが出発点になります。

情景をイメージするためには、以下のような方法があります。
・相手が持っている、自分（たち）への期待は何かを考える。
・イメージを広げるために、「どんなことが聞きたいだろうか」と考えてみる。
・一人ひとりがどんな心境でやってくるのかを想像してみる。
・実際にその場でどのようなことが起こりうるのかを想像してみる。

コミュニケーションにおける場がどのような場になるのかをイメージしてみましょう。

❷ 情景を踏まえて、相手の最大の関心事を問いの形で表現する

情景がイメージできたら、この場に相手が何を求めてきているのか、その最大の関心事は何か、もしくはこの場にくる目的は何かを考え、それを問いの形で表してみましょう。

相手の関心事は、相手のことなので、本当のところわかりません。また、目的についても同様です。ただ、ここで考えたいことは、そもそも何が聞きたい本質的なことなのかを考えるきっかけをつくり、それを具体的に表現することです。何を相手は求めているのかという視点で、問いを設定し、そこをスタートにできるようにしましょう。

演習問題

部内で改善提案コンペがあります。部長に各自が改善提案をプレゼンし、1つが選ばれることになります。選ばれた提案は、部全体の取り組みとして、実際に提案者が主体となって進めることができます。あなたは、自身が抱える、提案書品質の向上のための施策を部全体で取り組んでいきたいと考えています。改善提案コンペでどのようなことをアピールすればよいか考えてみましょう。

解答

提案書の品質が低いことがいかに問題になっているか、それがなぜ起こっているのか、そしてそれをどのように向上させようと思っているのかなどをしっかりと伝える必要があるかもしれません。取り組むことによって期待される効果などもアピールできるといいでしょう。ただ、このままだと、自らの提案を力説することだけになってしまいそうです。順を追って考えていきます。

❶ 相手側の情景をイメージする

部長の情景をイメージしてみましょう。この場に参加している部長からはこの会議はどのように見えているでしょうか。部の人数はわかりませんが、あなたと同じように、何名かのメンバがプレゼンをするということが考えられます。AさんがXをやりましょう、BさんがYをやりましょう、CさんがZをやりましょうと言ってくることになります。

❷ 情景を踏まえて、相手の最大の関心事を問いの形で表現する

この情景を考えると、最終的に1つを選ばなければならない部長の関心事は、「複数の提案の中から、どれを選べばよいのか？」ということになります。

話し手の立場は、
「自分の案を採用してもらうには何を言えばいいか？」ですが、

聞き手の立場からは、
「複数の案件からどれを選べばよいか？」となります。

そうなると、あなたは、自分のことだけを話してはいけないということになります。なぜならば、それ以外の案件を部長は聞くということになるからです。したがって、他の案件もあるということを踏まえ、自分のプレゼンを

する必要があります。他の案件と比べて、自分の提案がより重要である、より緊急性を要するといったメッセージを盛り込むことができるとよりアピールできるでしょう。

最終的には、自分の提案の内容を一生懸命伝えるということになりますが、他の案件の存在を意識した上で話ができるかどうかが鍵です。**自分の話したいことだけを考えていただけでは見えてこなかった視点が相手の立場から問いを立てることで見えてきます。**

受け取る相手がどのような状況にあるかを踏まえ、相手目線でコミュニケーションがスタートできるようにしていきましょう。

［話し手起点から受け手起点へ］

STEP UP!

最後に、仕事におけるコミュニケーションの目的について整理しておきましょう。仕事におけるコミュニケーションの目的は大きく2つに分けられます。相手に対して共有することが目的であるものと相手に何らかの行動を求めるのが目的であるものです。

前者は、何が起こっているかについて、同じ認識を持っておくために行われます。組織で仕事をするためには、関係者が同じ認識を持っておく必要があるためです。この場合、共有することに目的があるため、伝えようとしている内容をいかにわかりやすく伝えるかがポイントになってきます。

相手に行動を求めるコミュニケーションの場合は、相手に何を求めるのかも合わせて伝える必要があります。伝えた内容に対して、意見をもらいたいのか、伝えた内容を承認してもらいたいのか、伝えたい内容を踏まえて行動をしてもらいたいのかなどです。共有の場合は、伝える内容を一生懸命考えればよいですが、行動を求める場合には、伝える内容に加えて、相手に何を求めるのかということと、求めることに合わせて情報を補足する必要があります。

承認の場合は、「承認するかしないか、何が判断のポイントになるのか」、「それに対してどのように自分は考えたのか」などについて言及できるとよいでしょう。アドバイスがもらいたい場合は、「どのような視点でアドバイスがもらいたいのか」をはっきりと伝えられるといいでしょう。また、特定の視点がないのであれば、「どんな視点からでもよいのでアドバイスがほしい。特に想定の視点があるわけではない」と伝えることも重要です。次なる行動を起こしてほしい場合は、「その行動を行うことの妥当性」などに言及できているとよいでしょう。相手に求めるアクションまでを伝える内容に加え、「伝えられた内容をどのように受け止めてほしいのか、自分は何を期待しているのか」を迷わせないように注意しましょう。

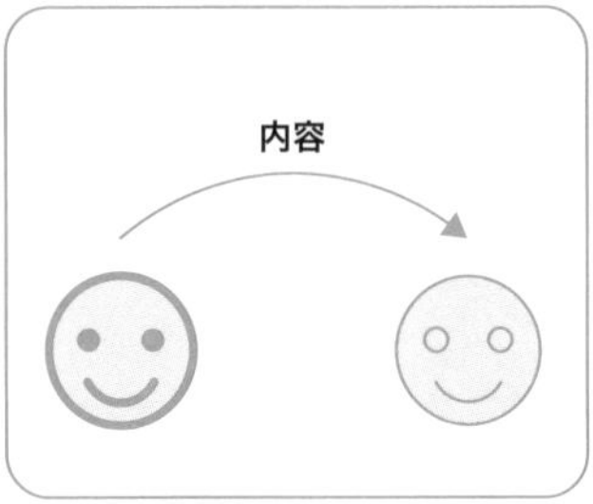

共有の場合は内容が大事

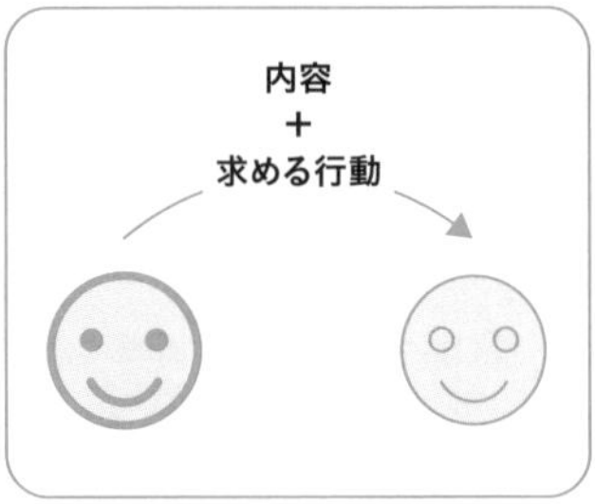

相手に行動を求める場合は
それ「も」しっかり伝える！

まとめ

- **話し手の「言いたいこと」ではなく受け手の「聞きたいこと」でスタートさせる**

- 相手の情景を具体的に考える
- 相手の最大の関心事は何かという発想で考える
- 何のために伝えるのかその目的も意識する
- 相手にどのような行動を求めるかを伝える内容に織り込む

LESSON 04

準備して臨む

いきあたりばったりでコミュニケーションを繰り返すのは得策ではありません。なぜなら経験を次に活かしにくいからです。事前にちょっと準備することでコミュニケーションの成功への確率は高まります。また仮に上手くいかなかったとしても準備して臨むとその経験が次に活かせるようになります。では、どんな準備をして臨めばよいのでしょうか。

あなたは、パン・メーカーの営業です。郊外にある珈琲喫茶店に、サイドメニューとして自社のパンを置いてもらえないかと考えています。飛び込みの営業となりますが、何をアピールするとよいでしょうか？

店主の立場から問いを立ててみると、「この商品を店に置くべきか？」となります。では、「店に置くべきか？」と考える際、店主はどんなことが気になるか、関心事項を問いの形で複数リストアップしてみましょう。

まず、「売れるのか」、そして、「儲かるのか」は気になるところでしょう。また、「お客さんは増えるのか」、「お客さんは喜んでくれるのか」、そもそも「美味しいのか」といったことも関心の対象でしょう。さらに、今回は、店主からすると飛び込みの営業となるので、発注数量などについて「柔軟性はあるのか」は気になる要素の1つかもしれません。また、取引を始めた後、急に止めるといったことはないのか、「継続性はあるのか」なども考えられます。

さて、ここまでで出てきたことを箇条書きにまとめて整理しておきましょう。

・売れるのか
・儲かるのか
・お客さんは増えるのか
・お客さんは喜んでくれるのか
・そもそも美味しいのか
・柔軟性はあるのか
・継続性はあるのか

7つの関心事項を洗い出すことができました。では、これらすべてを話すことができるでしょうか。あまり現実的ではありません。飛び込みの営業に対して、7つすべてを根気強く聞いてもらえることはないからです。そうなると、あなた（話し手）はここから、いくつかを選択しなければなりません。どれを選ぶのかは判断が必要になりますが、重要と思われるいくつかを選択して、コミュニケーションをとっていくということになります。

今回は、飛び込みの営業という状況も踏まえて、いくつかに絞るということを考えましたが、これは、状況にかかわらず必要なことです。なぜならば、考えたことすべてを語ることは、時間という物理的制約のためにできないからです。

また、記憶の容量という意味でもすべてを相手が受け止めることはできません。したがって、通常のコミュニケーションにおいても、最後は絞るということが必要となってきます。

相手が気にするだろう点をしっかり洗い出すこと、その上で何点かを絞ってコミュニケーションするというプロセスをきちんと踏むようにしましょう。**洗い出した上で選択するということがポイント**です。

POINT

❶ 相手の立場で問いを立てる
❷ ❶で立てた問いに基づき、相手が気にしそうだと思われることを複数出す
❸ ❷で出たものから、重要と考えられるものを選ぶ
❹ 選んだ内容に基づきコミュニケーションを進める

❶ 相手の立場で問いを立てる

相手の情景を考えて、最大の関心事は何かという観点で考えるようにしましょう。

❷ ❶で立てた問いに基づき、相手が気にしそうだと思われることを複数出す

気にしそうな点を複数洗い出せるかがポイントになります。可能性の高そうなものはもちろんそうですが、ひょっとするとこんなことにも関心があるかもというものにも広げておくようにしましょう。

❸ ❷で出たものから、重要と考えられるものを選ぶ

重要と考えられるものをどのように選ぶかについては、明確な基準があるわけではありません。また、正確に相手のことを想像することはできないため、正しく予想するということを求めすぎないようにしましょう。

一方で、実際に「相手」が仕事においては存在します。「相手」についての情報は、ゼロではないはずですので、知り得ている情報をもとにどれが重要かを選択していきましょう。今回の場合、飛び込みの営業という状況です。初取引ということを前提にすると、何を選択するべきかと考えていくことができそうです。

❹ 選んだ内容に基づきコミュニケーションを進める

❸で選んだ内容をもとに、どのような順番で話をするかを考え、コミュ

ニケーションに臨みます。

さて、この手順で考えたことを改めて整理してみます。先の例では、7つの関心事項の中からいくつか選択するということになります。仮に3つを選んだとすると、それは、4つが選ばれなかったということを意味します。選ばれなかったものがあるということは、漏れが発生しているということです。抜け漏れがないことを気にする必要はありますが、逆に全部を語ることは現実的には難しい場合がほとんどです。

つまり、**コミュニケーションにおいては、漏れていないかということを過剰に意識する必要はない**ということになります。また、相手の頭の中の関心に応えようとしても、相手の頭の中を漏れなく洗い出すことは難しい行為です。コミュニケーションにおいて網羅性を意識しすぎない方がいいと言えるでしょう。ただ、**大事な要素を見落としていないかという視点は持っておく必要があります**。

演習問題

では、このアプローチの効用を考えてみましょう。相手の気にしそうなポイントを複数洗い出した上で、いくつかを絞ってコミュニケーションをするということのメリットはなんでしょうか、考えてみてください。

解答

洗い出しをしないで思いついたいくつかのポイントだけでコミュニケーションに臨んだ場合と比較して考えてみるとイメージがしやすくなります。

まず、話を始めたとき、相手の反応がいまひとつということも考えられます。その場合に、もし事前に気にしそうなポイントが洗い出されていれば、選んだ3つ以外のポイントを相手の反応を見ながら出していくことができます。

また、相手が予定していた3つとは違うポイントについて質問をしてくるということも考えられます。そのような場合も、事前に想定して洗い出してはいるので、余裕を持って対応することができます。

このように、**予定外のことが起こった場合への対応が柔軟にできる**という点が1つめのメリットです。思いついた3つで話をするとその場で用意をしていなかったポイントについて、その場で考える必要が生じてしまいます。

次に、予定外のことが起こった際の心の持ちようという観点で考えてみましょう。事前に考えてあれば、一度自分の頭の中を通った考えになるので焦ることはありません。一方、準備がないと、その場でいきなり対応を考える必要が生じるため、焦りにつながります。

また、コミュニケーションをしている間に、違う点を考えなければならないということが、思考の負荷としても重くのしかかります。さらに、その思考負荷がさらなる焦りへとつながっていく可能性もあります。頭が真っ白になる可能性は、準備をしなかったときに高まります。2つめのメリットとして、**精神的な余裕にもつながる**ということが言えそうです。

そして、3つめです。きちんと事前にポイントを洗い出したにもかかわらず、相手の質問が準備をしたものの中にはなかったときのことを考えてみます。想定外という状況ではありますが、事前に洗い出しをしたというプロセスがあるということが効いてきます。

準備を全くしていなかった場合は、ただ焦るだけですが、準備をして、十分な思考投入をした上で思いつかなかった場合は、いい意味で「あきらめ」につながります。考えた上で、思いつかなかったと認識できるからです。

逆に、想定外の質問ではあるものの、その想定外のポイントは自分が予め考えてきたものとどう関連するのか、どう違うのかなどを比較することができます。なぜなら、事前に考えているため、比較するための材料が頭の中にある程度存在するからです。**思考投入しているというプロセスがいい意味で**

余裕につながります。また、相手の質問にすぐ答える必要があるのかの判断がしやすくなります。

そして、最後、4つめのメリットです。ここまではすべてその場のコミュニケーションの最中の話でしたが、コミュニケーションが終わった後の振り返りという観点で考えてみましょう。何も準備をせず、思いつきで臨んだ場合は、上手くいった、いかなかっただけの評価になる可能性があります。

準備をして臨んだ場合は違います。考えていたポイントがそもそも違っていたのか、合っていたけど選んだものが違ったのか、選んだものは合っていたけど順番が違ったのか……などいくつかの観点で振り返ることができます。上手くいってもいかなくても、その準備が次に活かせるということが、実は最大のメリットかもしれません。

まとめると以下のようになります。

・想定外の反応に対しても柔軟性を持って対応できる可能性が高くなること
・想定外の反応に対しても精神的にも余裕を持って対応できる可能性が高くなること
・しっかり考えたというプロセスがあることで想定外の反応にどう対処すべきか判断がしやすくなること

そして、

・プロセスを踏んだことによって、何がよかったか悪かったのかの評価が可能になり、その経験を次につなげられる可能性が高まること

などがメリットとして考えられます。

準備をする労力は少しだけかかりますが、メリットは多数あります。準備をきちんとして臨むようにしていきましょう。

STEP UP!

最後に、コミュニケーションの抽象度ということについて、考えておきま

す。先ほどの例を使って説明をします。洗い出した7つのポイントを改めて整理してみましょう。

・売れるのか、儲かるのか、お客さんは増えるのかは、いずれも、お店にとってどんなよいことがあるのかということに応えるもの
・お客さんは喜んでくれるのか、そもそも美味しいのかは、お客さんにとってどんなよいことがあるのかということに応えるもの
・柔軟性はあるのか、継続性はあるのかは、初取引に起因する、お店にとっての懸念はないのかということに応えるもの

整理してみると7つのポイントは、3つに集約することができました。

では、集約した3つでコミュニケーションをとることを考えてみます。

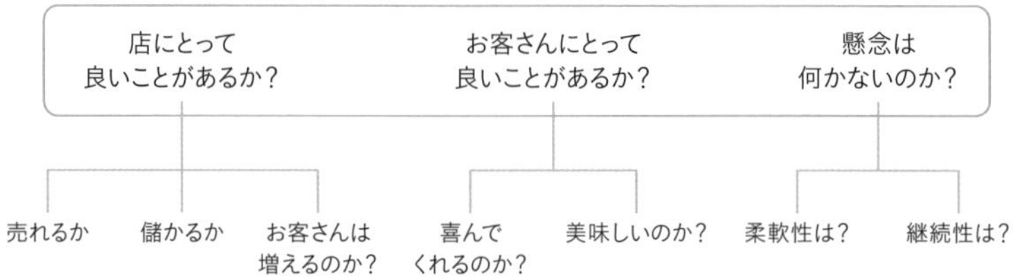

上図の四角形の枠で囲んだ内容で話をしてみましょう。

「お店にとっていいことがあります、お客さんにとってもいいことがあります、そして、懸念はありません」

聞き手としては、どのように感じるでしょうか。具体性という観点でいくと、ほぼ何の情報も得られないという状況になってしまいます。つまり、コミュニケーションは、抽象度の高いレベルで話をしても伝わらないということです。

全体像を確認する意味で、いくつかのポイントをまとめてみることは構いません。ただ、まとめた状態で話をしても、ほとんど内容はなくなってしまいます。コミュニケーションという意味では具体性を持って語ることが必要であるということです。抽象度が高く、具体性のないメッセージになってい

ないかという点に注意しておきましょう。

まとめ

- 関心を広げることがスタートとなる
- その上で、状況をイメージして絞る
- モレは発生するが、事前の思考投入が助けてくれる
- 柔軟性や気持ちの余裕につながりもする
- 最も大きいのは次に活かせるということである

CHAPTER 1 ESSENCE

1 そんなつもりではなかったとしても、意図とは違う伝わり方をしてしまったのであればそれがすべて。どう伝わったかを真摯に受け止めることからすべては始まる

2 個別化は労力がかかること！　大変だなと思ったときは、自分へ向けたメッセージがもらえたときのことを思い出そう

3 あなたが話したいことは、必ずしも受け手の聞きたいことではないかもしれない。話し手起点ではなく、受け手起点で考えよう！

4 瞬発力に頼らなくて済むよう、準備をしよう。その準備は、余裕につながり、上手くいかなくても次への糧になる

CHAPTER

2

わかりやすく伝える（基礎編）

「わかりやすく伝える」ためには、表現がわかりやすいことが大切です。具体的には、一文一文がわかりやすいこと、そして、文と文、文章と文章のつながりがわかりやすいことが必要です。また、意見そのものがわかりやすいことが大切です。意見の背景にあたる事実と意見の正当性を示すための理由がポイントとなってきます。この章では、「わかりやすく伝える」ためにはどうすればよいのかを考えます。

LESSON 05

1つの文をきちんと成り立たせる

わかりすい文章の出発点は、一文一文がわかりやすいことです。なぜならば、文章は文の積み重ねだからです。では、わかりやすい文というのは、どういう特徴があるのでしょうか。どういうときにわかりにくいと感じるのでしょうか。1つの文をきちんと成り立たせるにはどうすればよいのか考えます。

1つの文をきちんと成り立たせることが文章の基本です。「主語・述語」に注目して、以下の文をどのように修正すればよいか考えてください。

「学生時代のA教授の授業は、彼を夢中にした」

主語は、(学生時代のA教授の)「授業」です。「授業」が主語になりますので、述語は「主語」=「授業」を受ける形でないといけません。そうすると、「授業」は、彼を夢中にするのではなく、ここでの述語は「夢中にさせた」が正しい表現になります。主語を主体と考えたときに、述語が主語を受けられているかをきちんと考えるようにしましょう。

(修正前)「学生時代のA教授の授業は、彼を夢中にした」
→(修正後)「学生時代のA教授の授業は、彼を夢中にさせた」

同様に、主語・述語の関係に注目して、以下の文をどのように修正をすればよいか考えてください。

「大学での学びは、自分をさまざまな角度から客観視できた」

上記の文では「大学での学び」が主語になります。仮に述語をそのままつないでみると「大学での学び」が「客観視できた」となってしまい、対応がとれません。「大学での学び」が客観視につながったという意味にしなければなりません。そこで、例えば、「大学での学びは、自分をさまざまな角度から客観視する機会となった」と修正することができます。

(修正前)「大学での学びは、自分をさまざまな角度から客観視できた」
→(修正後)「大学での学びは、自分をさまざまな角度から客観視する機会となった」

もしくは、述語の方を残すということもできます。「客観視できた」につながるように主語を変えてみます。例えば、「大学での学びによって、(私は)自分をさまざまな角度から客観視できた」と修正することができます。客観視できたのは、自分ということになりますので、省略されていた(私)を明確に主語として表記する必要があるということです。

(修正前)「大学での学びは、自分をさまざまな角度から客観視できた」
→(修正後)「大学での学びによって、私は自分をさまざまな角度から客観視できた」

このように日本語は主語が省略されやすい言語なので、隠れている主語はないかという視点も持っておきましょう。

POINT

1. **主語と述語が何かを確認する**
2. **主語と述語は対応がとれているかを確認する**
3. **対応がとれていない場合は、主語に合わせるか、述語に合わせ**

るかを決めて修正をする

❶ 主語と述語が何かを確認する

主語と述語を確認するために、線を引くイメージで、それぞれを明らかにしましょう。

「学生時代のA教授の授業は、彼を夢中にした」
「大学での学びは、自分をさまざまな角度から客観視できた」

❷ 主語と述語は対応がとれているかを確認する

❶で線を引いた、主語と述語だけで、意味が通るかを確認しましょう。

「学生時代のA教授の授業は、彼を夢中にした」

「授業」と「夢中にした」は、意味が通りません。

「大学での学びは、自分をさまざまな角度から客観視できた」

「学び」と「客観視できた」は、意味が通りません。

❸ 対応がとれていない場合は、主語に合わせるか、述語に合わせるかを決めて修正をする

「学生時代のA教授の授業は、彼を夢中にした」

主語の「授業」を残すのであれば、「夢中にした」は、「夢中にさせた」と修正する必要があります。

「大学での学びは、自分をさまざまな角度から客観視できた」

主語の「学び」を残すのであれば、「客観視する機会になった」、述語の「客観視できた」を残すのであれば、「学び」が主語ではなく、「私」を主語にする必要があるので、「大学での学びによって、私は自分をさまざまな角度から客観視できた」と修正することになります。

演習問題

省略された主語に注意してどのように修正をすればよいか考えてください。

「哲学の授業にとても多くのことを考えさせられ、とても多くのことを教えてくれた」

解答

今回の文は、2つの述語が入っている重文になります。まず、最初の述語「考えさせられ」の主語は何かを考えます。「考えさせられた」のは、私になりますので、主語は私となり、それが省略されていることになります。後半の述語は「教えてくれた」です。誰が教えてくれたのかというと、文脈を踏まえると「哲学の授業」が教えてくれたということになります。主語を戻して表現すると以下のようになります。

(主語を戻した文)
「私は、哲学の授業にとても多くのことを考えさせられ、哲学の授業は、とても多くのことを教えてくれた」

間違いではないですが、最初の文も、後の文も私と哲学の授業の間の出来事を表現したものです。そこで、主語を揃えて、以下のように表現することができます。

（主語を揃えた文）

「私は、哲学の授業に多くのことを考えさせられ、また、（私は哲学の授業に）多くのことを教わった」

同じ文の中で、主語が変わると読み手に負担を与えることになります。文を作る際に、主語が変わらないように丁寧に作ることが重要です。もしくは、主語を揃えないのであれば、文を2つに分けてしまうことも1つの方策です。

STEP UP!

最後に、文の長さという視点で考えます。以下の文は、複数行にわたった一文になっています。一文が長いことは、読み手にとって負担になり、また理解を妨げます。そこで、複数の文に分けて、表現し直してください。

30年にわたるZ社の歴史は、創業者が32歳のとき、大学のキャンパスの芝生に座って、世界一のゲームを作りたいと考え、その夢を友人のAに語ったことから始まりました。

例えば、以下のように3つの文に分けて表現することができます。

「Z社の歴史は、30年前、創業者が友人に夢を語ったことから始まりました。その夢は、大学のキャンパスに座っていたときに考えた、世界一のゲームを作りたいということ。当時、32歳でした」

ついつい読点で情報をつないで、だらだらと長い文を作ってしまうものです。一方で、文が長くなると文中の情報の関係性がわかりにくくなります。もし、1つの文が丸3行にわたっていたら、2つに分けられないかと考えるようにしましょう。

この文章の長さがちょうど40字、一行半ぐらいで収まり、読みやすいボリュームです。

この文章の長さがちょうど60字、二行にわたると文が長いという印象になり、わかりやすさという意味では一文の長さの限界です。

この文章の長さがちょうど80字、三行にわたってしまうと読み手の負担が増してきてしまうため、積極的に二つの文に分けることを考えた方がいい文の長さと言えるでしょう。

その他、わかりやすい文にするために、以下の点にも留意していきましょう。

・「て・に・を・は（助詞）」を正しく使う
・能動態、受動態を正しく使い分ける
・「読点（、）」を打つ位置に意識を向ける
・修飾語と被修飾語を近づける

・「て・に・を・は（助詞）」を正しく使う

助詞は、前の情報と後の情報の関係性を規定してくれます。「て」は、連続性、「に」と「を」は対象を明確にすることができます。また、「は」は主語を特定してくれます。

・能動態、受動態を正しく使い分ける

能動態、受動態も主語述語の関係において、しっかりと使い分けられるようにしましょう。

・「読点（、）」を打つ位置に意識を向ける

読点は、情報の単位を規定してくれます。ひとかたまりの情報を認識可能な範囲にまとめるという効果があります。

・修飾語と被修飾語を近づける

修飾語と被修飾語が遠くに離れると、出てきた情報がどこにかかるのかを頭の中に置きながら話を聞き続けなければなりません。相手の記憶の容量を無駄に消費させないように、被修飾語の近くに置くようにしましょう。

日常の会話においては、一文一文が厳密でなくとも伝わります。相手が補足して聞いてくれるからです。もしくは、少しおかしくても、許容してくれたりするからです。また、メールなどのコミュニケーションでも、大体のことが伝われば仕事は前に進みますので、それほど厳密さは求められません。

その結果、何となく、自分は「できている」と考えてしまいがちです。ただ、実際に書いてみると、いい加減な文になっているということが少なくはありません。

一文一文を丁寧に表現することを意識していきましょう。

まとめ

- ✓ **主語と述語をきちんと成り立たせる**
- ✓ **主語と述語だけで文が本当に成り立つかを確認する**
- ✓ **隠れている主語にも気を付ける**
- ✓ **1つの文の中で主語を変えない。そのためには単文を心掛ける**
- ✓ **相手の記憶の容量を意識して、一文の長さなどにも気を配る**

LESSON 06 「つながり」を話す

伝えたいことを思いついたまま話をすることは可能です。ただ、ビジネスにおいては、目的を持ってコミュニケーションをする訳なので、無意味に時間をつぶすような会話をするのは避ける必要があります。思いついたままではなく、ある程度まとまったかたまりで、かつ全体の骨格がしっかりした話をするにはどうすればよいのでしょうか。

「1週間前に受けたセミナー、すごくよかったので、お勧め。ぜひ、受けたらいいと思うよ。何といっても、講師の人がよかった。経験が十分あるように思ったし。何でも、5年の実績がないとそのセミナーには登壇できないんだって。あと、教え方が上手い。興味がわく演習なんかがいっぱいで、あっという間に時間が過ぎたんだ。また、来ている人たちもよかった。多様性が高かった気がする。普段、接することがない異業種の人もたくさんいたので。あと、みんなの意欲。みんな目的意識を持ってきていて、それも刺激になったな……」

友人があなたに、1週間前に受けたセミナーを勧めてくれています。確かに、魅力的なセミナーのようです。では、次の説明はいかがでしょうか。

「1週間前に受けたセミナー、すごくよかったので、お勧め。ぜひ、受けたらいいと思うよ。理由は2つ。講師の人がよかったことと来ている人がよかった。まず、講師の人は、経験が十分あるように思った。何でも、5年の実績がないとそのセミナーには登壇できないんだって。もう1つは、教え方が上手い。興味がわく演習なんかがいっぱいで、あっという間に時間が過ぎたんだ。次に、来ている人たち。まず、多様性が高かった。普段、接することがない異業種の人がたくさんいたので。もう1つは、意欲。みんな目的意識を持ってきていて、それも刺激になったな……」

内容には、大きな違いはないかもしれませんが、文と文とのつなぎについては、違いがあります。

「1週間前に受けたセミナー、すごくよかったので、お勧め。ぜひ、受けたらいいと思うよ。理由は2つ。講師の人がよかったことと来ている人がよかった。まず、講師の人は、経験が十分あるように思った。何でも、5年の実績がないとそのセミナーには登壇できないんだって。もう1つは、教え方が上手い。興味がわく演習なんかがいっぱいで、あっという間に時間が過ぎたんだ。次に、来ている人たち。まず、多様性が高かった。普段、接することがない異業種の人がたくさんいたので。もう1つは、意欲。みんな目的意識を持ってきていて、それも刺激になったな……」

下線で示したように、文と文の関係性を示す一言や接続詞が使われているということです。最初の文と後の文を情報の出方ということで整理をすると以下のようになります。

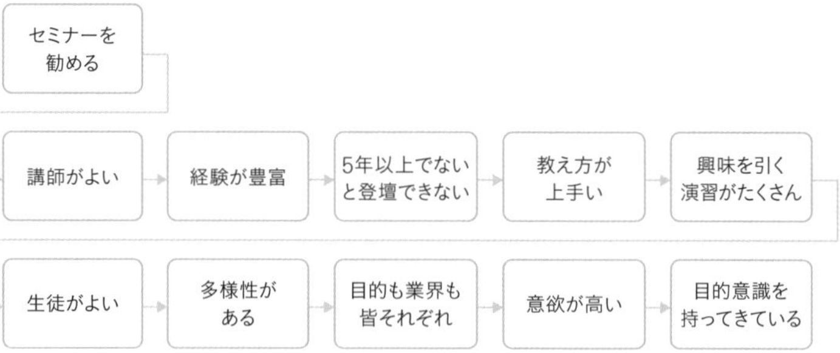

わからなくはないですが、次々に情報が出てくるという状態です。

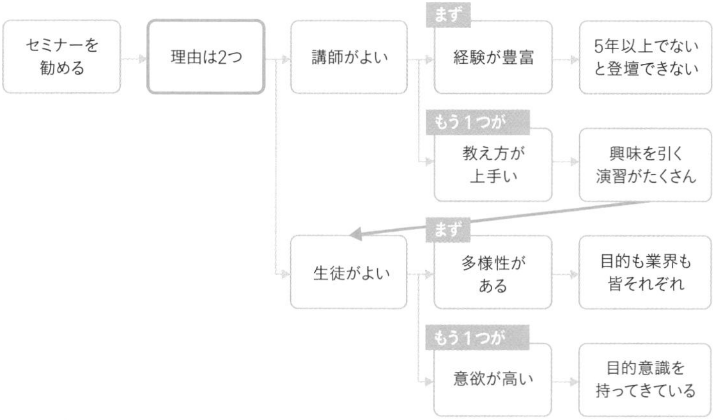

これに対して、後者の話は、「理由が2つ」ということで講師と生徒の話が並列に分岐され、「まず」という接続詞で、後続に追加の情報があるということを伝え、「もう1つ」でこれで区切りが終わるということを伝えることができているということです。

そして大切なことは、後者は、**自分が話をしようとしていることを構造的に理解できていないとそのような発言ができない**ということです。

「2つ」と言うためには、全体で2つであるということがわかっているからこそ、コメントができます。「まず」も「もう1つ」も全体がわかっているからこそ、今伝えようとしている情報とその後に伝えるはずの情報の関係性を先行的に伝えることができるということです。

一言、二言の違いのように見えますが、**話し手が自分の言いたいことを構造的に理解できているかという点においては、大きな違いがあります。**そして、前者のような状態であると、話し手自身も次に何の話をするかがわかっていない状態ですので、行きあたりばったりになってしまいます。話すことを構造的に捉えた上でコミュニケーションに臨むようにしましょう。

POINT

❶ **言いたいことを構造化、図示する**

❷ **どのように情報をつなげばよいかを考える**

❶ 言いたいことを構造化、図示する

言いたいことは何か、それを支える理由は何か、さらにその理由を支える事実は何か、といった手順で、以下のような構造のピラミッドに対して、情報を上から埋めていくことで構造化していきます。

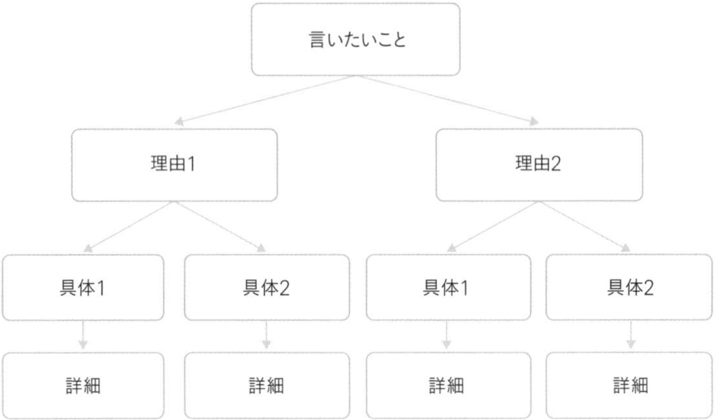

まず、一番言いたいことは、「セミナーを勧める」になりますので、それを一番上の箱に記します。

次に、セミナーを勧める理由が何かと考えると、「講師と生徒がよい」という2つの理由があることになります。それを2階層目に記します。

さらに、何をもって講師がよい、生徒がよいと言っているかを明らかにします。

講師がよい理由は、経験があるということ、そして、教え方が上手いとい

う2つ、生徒がよいということについては、多様性があるということと意欲が高いということの2つになります。

これらを3階層目に記します。

最後に、講師については、

・経験があるということ→5年以上でないと登壇できない

・教え方が上手い→興味を引く演習が多い

生徒については、

・多様性がある→異業種からの参加が多い

・意欲が高い→目的意識をみんなが持っている

と具体例が提示されていることになりますので、それを4階層目に記します。このように伝えたいことを、上から順番に整理をしていくと、以下のようなピラミッドで表すことができます。

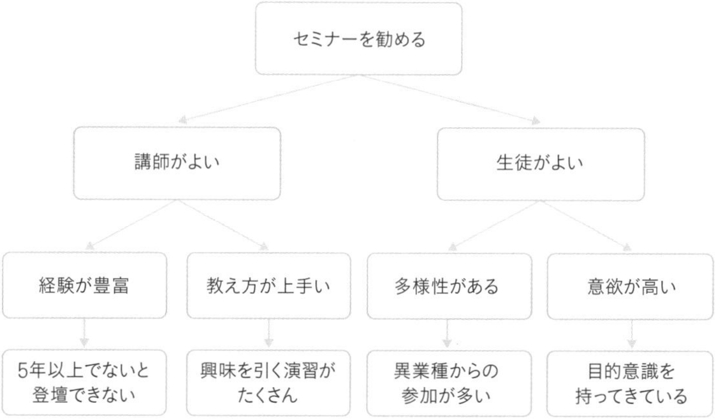

❷ どのように情報をつなげばよいかを考える

その上で、上から縦に話をする際に、情報間をどうつなぐのかを考えていきます。「セミナーを勧める」から「講師がよい」「生徒がよい」の接続は、

2つあることがわかっていますから、理由は2つありますとコメントが可能です。講師がよいから経験が豊富、教え方が上手いについては、それぞれ、「まず」「もう1つ」を乗せることができます。生徒がよいについても同様です。

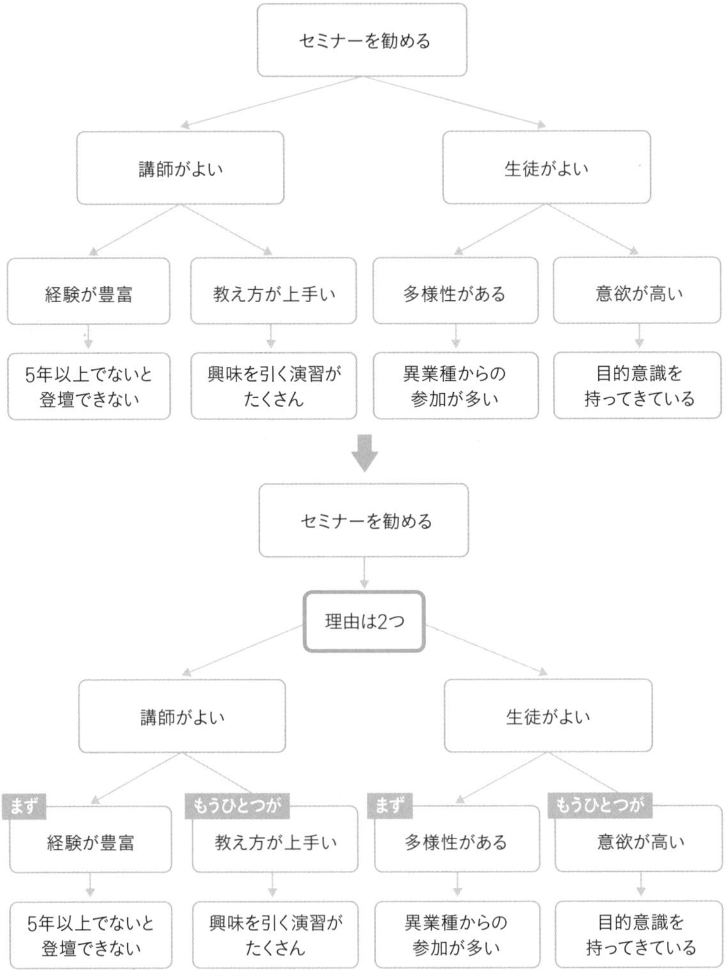

この構造にしたがって、上の情報から下の情報へ向けて縦に話をすると、

以下のように話をすることができます。

「1週間前に受けたセミナー、すごくよかったので、お勧め。ぜひ、受けたらいいと思うよ。理由は2つ。講師の人がよかったことと来ている人がよかった。まず、講師の人は、経験が十分あるように思った。何でも、5年の実績がないとそのセミナーには登壇できないんだって。もう1つは、教え方が上手い。興味がわく演習なんかがいっぱいで、あっという間に時間が過ぎたんだ。次に、来ている人たち。まず、多様性が高かった。普段、接することがない異業種の人がたくさんいたので。もう1つは、意欲。みんな目的意識を持ってきていて、それも刺激になったな……」

演習問題

あなたは、新卒で入社した新入社員。1か月続いた新入社員研修も明日で終了、明後日からは、配属先での仕事が始まります。最終日の明日は、今後の抱負を発表しなければなりません。原稿を書き起こすことはできたので、ここからは、原稿を見ないで話ができるよう覚える必要があります。
さて、ここで問題です。原稿を覚えるためにどのような工夫ができるか考えてください。

（スピーチ・原稿）
私は、デジタル推進部に配属になりました。大学では、統計学とプログラミングを学んできたので、これまで学んできたことを活かしていくことができそうな環境なのですごく楽しみにしています。ただ、学生が学問として学んだ内容がそのまま通用する世界ではないことは理解しているつもりです。理想通りにはいかないこともきっとたくさんあるのだろうと考えていますが、それこそが「現場」だと思ってしっかり取り組んでいきたいと考えています。

今回の研修で皆さんと一緒に過ごして感じたことは、同じ想いを持った仲間なんだなということです。もちろん、個性はそれぞれですが、世の中をよくしていきたいという根っこの気持ちは一緒なんだということがわかりました。配属された部署には新人は1人なので正直心細い気持ちはあるのですが、この1か月、共に研修を受けた皆さんもそれぞれの立場で頑張っているということを想像しながら、日々頑張っていきたいと思います。

3年後の自分が具体的にどうなっているかはわかりませんが、3年後から今日を振り返ったときに、成長はできたかなと自覚できるような3年間にしたいと思っています。そのためには、1つひとつの経験から学び、その経験を次の取り組みに活かすということを愚直に積み重ねていきたいと思います。3年後、見違えるようになった皆さんの中に入っても恥ずかしくないよう頑張っていきたいと思います。これからもよろしくお願いします。

解答

前述のスピーチ原稿は、文字数にして約600字あります。これを一言一句覚えることはあまり現実的ではありません。そこで、段落ごとに何が書かれているか、俯瞰的に捉えてみましょう。さまざまな切り取り方ができますが、例えば、第1段落は、「配属先と心構え」と捉えることができます。

この捉え方ができると、俯瞰した内容をもとに話を始めることができます。最初は、「配属先は……」とスタートすることができます。配属先がどこであるかは覚えているはずなので、デジタル推進部ということは言及できるでしょう。次に「デジタル推進部」については、自分にとって経験の活かせる分野であること、それゆえ楽しみにしているといったところまでも、細かい文言は覚えていなくても、流れで話ができそうです。配属先を起点に話せることが尽きた後は、次の「心構え」がよりどころになります。学生時代に学んだことがそのまま通用するとは考えていない、現場というものをしっかりと受け止めて向き合っていきたいとを述べることができそうです。

簡略化して表現すると

配属先→（デジタル推進部）→（自分の学んだことが活かせそうな組織）→（楽しみ）

心構え→（そのまま通用するとは考えていない）→（現場を大事に過ごす）

といった流れで伝えることになります。

つまり大切なことは、原稿通りに一言一句間違えないように話をすることではなく、伝えたい内容を大きく漏らさずに伝えることです。

どうしても、一文一文を覚えて、次に何を話さなければならなかったのかと考えてしまいがちです。ただ、このやり方では、全体像が意識できず、1つの文を思い出せなくなると先に進めなくなります。頭が真っ白になるという状態に陥ってしまう可能性が高い方法になります。

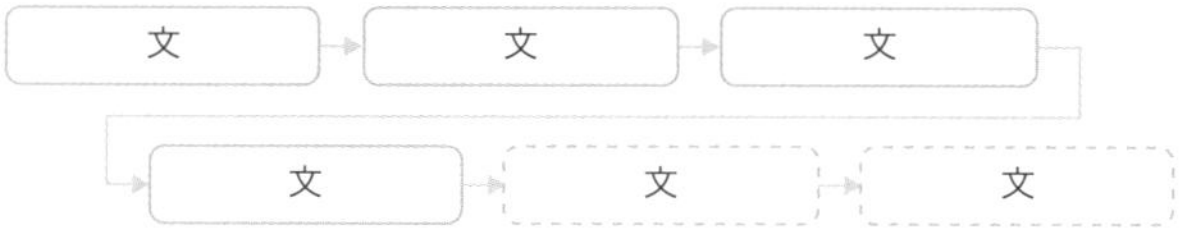

△　一文一文を覚えようとしてしまう

そこで、一文一文を記憶しにかかるのではなく、何を伝えようとしているのかを一段俯瞰して捉え直すようにしましょう。俯瞰した内容さえ忘れなければ、俯瞰した内容を起点に話をすることができます。一度原稿が起こせているのであれば、原稿通りではなかったとしても、原稿に近い内容は問題なく話ができる可能性は高くなります。

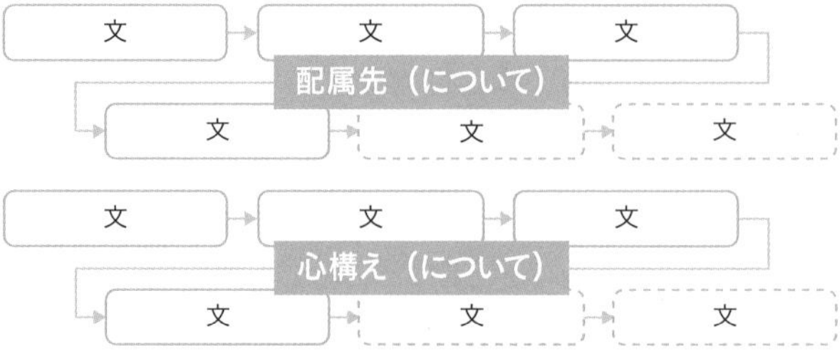

○　俯瞰した内容を押さえておく

第2段落、第3段落も同様に考えると、例えば、「研修を過ごして感じたことと仲間の存在」、「3年後の自分と3年間の過ごし方」と俯瞰して捉えることができます。

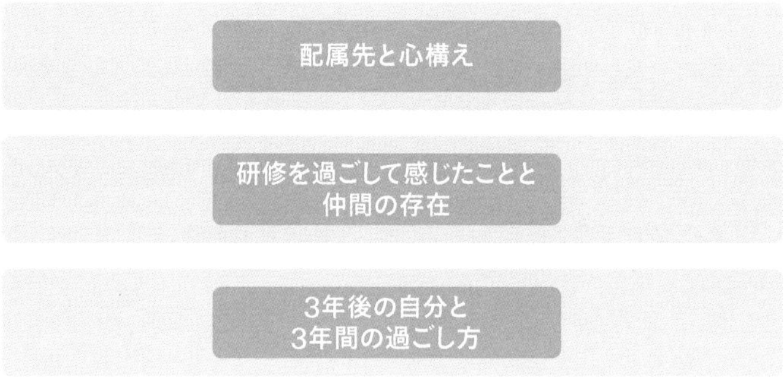

こうすることによって、文章全体を上図のように認識することができ、俯瞰して捉え直した内容を起点に話をすることができます。この理解が持てていることは、また、話し手として何を話せばよいかが構造的にわかっているということになります。その結果、だらだらと話をすることはなくなり、聞き手にとってわかりやすい内容になります。また、話をする内容が忘れにくくなるといったメリットにもつながります。

原稿を暗記するような形で話をするのではなく、何を伝えようとしているのかを俯瞰して捉えることを意識してみましょう。

STEP UP!

ここまで、文章と文章の関係性を大きく捉えるという視点で考えてきました。一方で、その前提として、文と文とのつながりをきちんと表現できることも大切です。一文と一文の前後の関係性を情報と情報のつながりという観点できちんと伝えることができるようにしていきましょう。そのためのポイントは、接続詞をきちんと使えるかどうかです。

例えば、「そして」と表現されることによって、後の情報は前の情報に追加される形で提供されることが予測できます。「一方で」と表現されると、後の情報と前の情報は、どこかが異なった内容になっているということが予測できます。適切な接続詞が使えると、後にどのような情報がどのような関係性を持ってくるかを先行して伝えるということにつながります。

そして、この接続詞がきちんと使えるかどうかは、文同士の関係性を理解できているかどうかにかかってきます。順接なのか、逆接なのか、追加なのか、補足なのかがわかるよう、適切な接続詞を使っていけるようにしましょう。

まとめ

- 次に何が出てくるのかその先行情報を渡せるように話をする
- そのためには、縦で準備をしておく
- ラベル化ができるようにしておく
- 全体像が見えるように話をする
- 接続詞で情報と情報をしっかりつなぐ

LESSON 07

事実に意見を乗せる

「事実と意見を混ぜて話をしない！」「それは、意見であって、事実ではないだろ！」「事実はわかったから、で、意見は何だ！」いずれも一度は耳にしたことのあるやりとりではないでしょうか。「事実と意見は、違う」。よく言われる言葉ですが、事実とは何で、意見は何なのでしょうか。事実と意見の違いを踏まえて、どのように伝えていけばよいのでしょうか。

あなたは、昨日実施したセミナーについて上司に報告しなければなりません。次のAとB、どちらの報告がよいでしょうか。

A 「昨日実施したセミナー、参加者は50名でした」
B 「昨日実施したセミナー、多くの方が参加してくれました」

AとBの違いをここでは「事実」と「意見」という視点で考えてみることにします。Aの内容は、「参加者は50名であった」という「事実」が語られています。事実は、誰が語っても同じ内容になるものです。

一方、Bの内容は、「参加者が多かった」ということが語られています。Aは、「50名」という誰が語っても同じ内容でしたが、Bは「多い」という、語り手の「意見」が話されていることになります。「50名が多い」のかどうかは、人によって変わる可能性があります。今、自分が話をしようとしている内容は、「事実」なのか「意見」なのかをまずきちんと分けて認識できるようにしましょう。

では次に、聞き手の立場から報告を受けた場合にどのように感じるかという視点で考えてみることにします。

Aの「昨日実施したセミナー、参加者は50名でした」と聞いた場合、過去のセミナーの実施状況を知っている人であれば、50名が多いのか少ないのか判断ができます。ただ、過去の様子などを知らない人にとっては、「50名」という数字をどう評価すればよいのかがわかりません。

Bの「昨日のセミナー、多くの方が参加してくれました」は、「多い」という語り手の評価が入っています。意味合いが伝わるため、聞き手はどう受け止めればよいのかがわかります。一方で、今度は逆に何をもって「多い」と言っているのかがよくわからないということになります。

つまり、事実のみを伝えると「だから何なんだ？」と意見が求められ、意見のみを伝えると「大元の事実は何なんだ」と事実が求められることになります。したがって、事実と意見どちらか一方のみでよいということではなく、両方を揃えて、伝えるということを意識していくようにしましょう。

どちらかではなく、両方

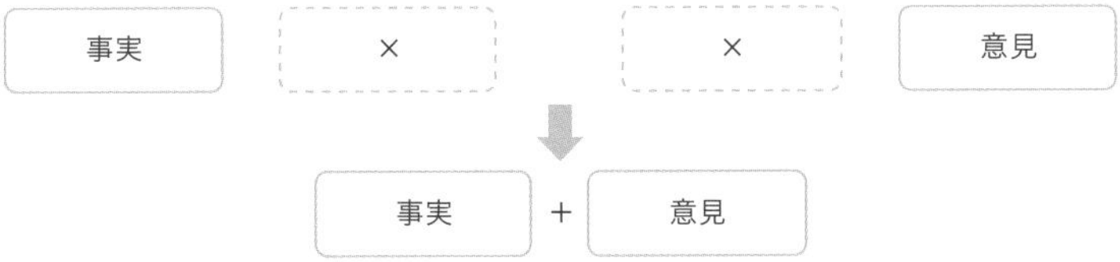

POINT

❶ 自分の言っていることは、事実なのか意見なのか、確認する

❷ A　事実の場合は、その事実に対して自分がどのような意見を持っているのかを明らかにする

❷ B　意見の場合は、何がその意見を導き出している事実だったのかを明らかにする

❸ 事実と意見を揃えて、伝える

❶ 自分の言っていることは、事実なのか意見なのか、確認する

以下の2つを例に考えてみます。

A 「昨日のセミナー、アンケートの満足度は4.8点だった」
B 「昨日のセミナーは、好評だった」

❷A 事実の場合は、その事実に対して自分がどのような意見を持っているのかを明らかにする

「昨日のセミナー、アンケートの満足度は4.8点でした」、これは「4.8点」という事実が語られていることになります。4.8点という事実は、どういう意味合いで捉えればよいのか、意見が必要です。好評だったと解釈してよいのか、いつもとあまり変わらないのかについて言及する必要があります。

❷B 意見の場合は、何がその意見を導き出している事実だったのかを明らかにする

「昨日のセミナーは、好評だった」、これは「好評」という解釈が入っているので、意見になります。すると、考えなければならないことは、何をもって好評と言っているのか。例えば、5点満点の満足度アンケートの結果が平均で4.8点であったといったことが考えられます。

❸ 事実と意見を揃えて、伝える

事実と意見を揃えて伝えると「昨日のセミナー、満足度アンケートの参加者平均4.8点と好評でした」となります。

演習問題

「昨日、若手の社員とちょっと飲んだんですよ。こうやって、話をするのは半年ぶりぐらいだったのですけど。話を聞いていると、あまりいい状況ではないみたいで。今度、課長からも声をかけてほしいんですが、いかがですか」

事実と意見という観点を意識した上で、どのように修正をするとよいか考えてください。

解答

この発言は全部で4つの文から成り立っています。通常の会話においては、一文だけが語られることはあまりなく、このような形で複数の文からなる、一連の発言となります。それぞれの文が、事実を表しているのか、意見を表しているのかを考えていくことはもちろんできますが、文単位で考えることは大変です。

そこで、発言全体を捉えて、その発言の中で最も言いたいことは何かということを押さえるようにしましょう。ここで、最終的にこの人が言いたいことは、「課長からも声をかけてほしい」と考えることができそうです。

課長に対して「労いの言葉をかける」ということを発言者が課長に対して求めているということは、これは発言者の意見となります。考えなければならないのは、その意見のもとになった事実が何かです。では、声をかけるということが必要だと考えた起点は何であったかを考えましょう。起点は「若手があまりいい状態ではない」ということにいき当たります。

では、この「若手があまりいい状態ではない」というのは事実でしょうか。この状況では、「あまりいい状態ではない」というのは話し手の意見にすぎません。何をもっていい状態ではないと言っているのかの事実が必要となります。ただ、残念ながら、「いい状態ではない」ということを示す事実はその前の発言を確認してもありません。

「若手がいい状態ではない」と自分は思った（意見)、だから、「労いの言葉をかけてほしい」(意見) といったように、事実がないまま、意見の連続で話をしてしまうということが起こりがちです。

そこで、なぜいい状態ではないと思ったのか、そのときの状況 (事実) を少し添えるだけでも、受け手の印象は違ってきます。

「昨日、若手の社員とちょっと飲んだんですよ。こうやって、話をするのは半年ぶりぐらいだったのですけど。3人いたんですが、全員が異動か転職を考えているって言うんですよ。話を聞いていると、あまりいい状況ではないみたいで。今度、課長からも声をかけてほしいんですが、いかがですか」

自分が見聞きした情報は、自分だけが持っている情報です。つい、相手もそれを知っているものと勘違いしがちです。自分の意見のもとになっている事実をきちんと共有し、見えている風景を揃えた上で、意見を述べていくようにしましょう。**意見の連鎖にするのではなく、起点は事実から始められるようにしましょう。**

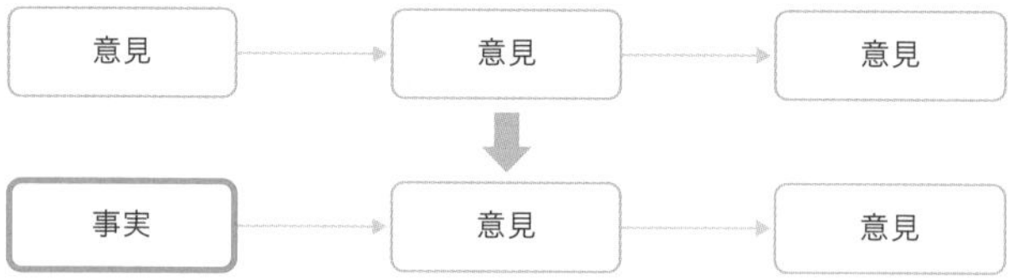

起点は、事実から

STEP UP!

最後に、人はなぜ異なる意見を持つのかということを考えておきましょう。事実と意見という視点から整理すると、意見は「事実」が起点になることがわかります。

そうなると、考えられるケースは、次の3つになります。

・「事実」が揃っていない
・「事実」が揃っていても、着目している場所が違う
・「事実」に対して、同じ見方ができたとしても、「意見」の土台となる前提が異なる

・「事実」が揃っていない

そもそも、保有している事実が違うという可能性があります。一方で、それぞれが持っている情報が違うことは逆に当たり前です。意見交換を始める前に、お互いの持っている情報は同じであるのかをきちんと押さえるようにしましょう。

・「事実」が揃っていても、着目している場所が違う

仮に、持っている情報自体が同じだとしても、どこに着目して情報を捉えるかはやはり人によって異なります。自分に有利な情報に敏感になり、逆に不利な情報は避ける傾向があります。情報量が揃っているだけでなく、お互いが等しく情報を見られているかという点にも留意しましょう。

・「事実」に対して、同じ見方ができたとしても、「意見」の土台となる前提が異なる

最後に、持っている情報も見ている情報も同じだとしても、同じ意見を持つかはわかりません。なぜなら、意見を導き出す前提が人によって異なるからです。一般的に、組織は機能に特化して作られます。そうすると組織が違えば、優先される判断軸は異なってくることが普通です。また、個人として、何を判断軸として優先するかは当然異なってきます。

したがって、むしろ意見は違うことが自然と考えて、その違いはどこに起因しているのかを理解するようにしましょう。

あなたの立場なら、私も同じ意見を持つかもしれないという状況になって、初めてお互いが理解しあえており、議論の前提が揃ったと言えます。違う風景のまま議論をするのは、不毛なもの。同じ土俵に乗った上で意見交換

ができるようにしていきましょう。

[意見が異なる3つの理由]

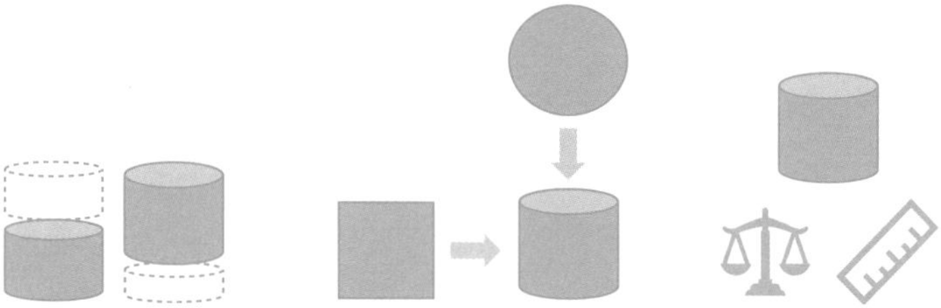

情報の差　　見る視点の差　　基準の差

まとめ

- ☑ 事実は誰が見ても変わらないもの、意見は事実をどう解釈したかが入ったあなたの考えである
- ☑ 事実と意見は、両方揃える
- ☑ 意見だけの会話にならないように気をつける
- ☑ 自分の見てきた事実を丁寧に伝える
- ☑ 意見は違うことが自然、どこで違いが生じているのかの理解に努める

LESSON 08

意見に理由を加える

言いたいことを理解してもらうためには、理由づけが必要となります。では、どのような理由づけがよいのでしょうか。どのような理由づけがよいかを考えることは、実は、「言いたいことが何か」を理解することが起点になります。なぜなら、「言いたいことが何か」によって、理由づけの方向がある程度決まるからです。では、言いたいことは、どのように整理できるのでしょうか。どのように理由づけをしていけばよいのでしょうか。

あなたは、「明日の出張は、新幹線で移動した方がよい」と考えています。一緒に移動する予定のチームのメンバに、「明日は新幹線で移動しよう」と提案するにあたって、どんな理由を添えればよいでしょうか。

例えば、「費用が安い」「都心からのアクセスがいい」「降りてからの移動が楽」といった理由づけができそうです。このように具体的な理由をあげることは、間違ったアプローチではありません。ただ、注意しないと力技であげられる理由を際限なく考えてしまい、余計な時間がかかる危険もあります。そこで、理由を考える前に、「言いたいことは何なのか」、そして、それは「何を言おうとしていることになるのか」を一段俯瞰して考えるようにしてみましょう。

俯瞰して考え直すと、「新幹線で移動をしよう」、これは、移動するという目的のために、新幹線がよいという「手段の提案」をしていることになります。「手段の提案」と考えると、移動の手段は、新幹線以外にもある訳ですから、「代替手段」が何なのかを明らかにする必要があります。そして、結果的に新幹線を提案するわけですから、新幹線を選んだ「基準」は何なのかを示す必要があります。そして、その基準に照らして提案した内容が代替案と比べて優れているという実際の「評価」が必要になることがわかります。つまり、手段の提案をするためには、以下のような内容で説明することができるということです。

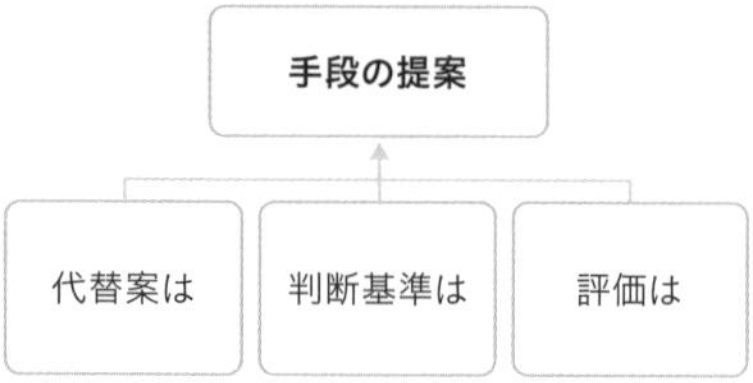

今回の例で考えると、代替案は飛行機、判断基準は自由度があるか、評価は新幹線の方が代替案の飛行機よりも本数が多く、東京からでも品川からでも乗れて自由度が高い、といった理由づけをすることができそうです。

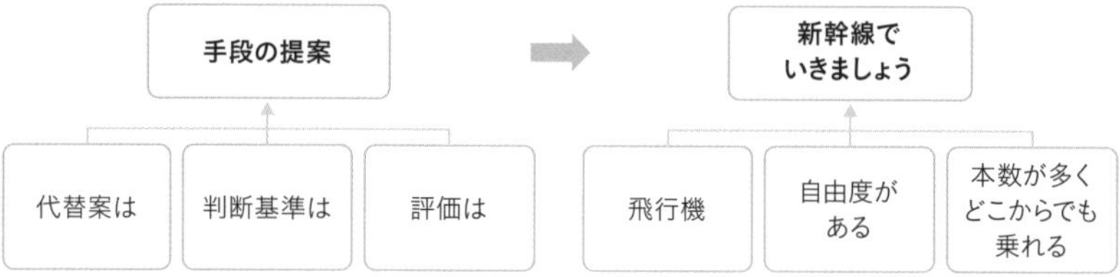

上図の右の内容に沿って、説明をすると以下のように話をすることができます。

「明日の出張は、新幹線にしましょう。飛行機も考えましたが、自由度の高さという点から新幹線がよいのではと思います。日中はお客様先の外出が複数あって、いつ出発できるかが不透明です。その点、新幹線は本数が多くあります。また都内からは東京からも品川からも場合によっては新横浜からも乗ることができますので、自由度が高いと考えるからです」

POINT

① 言いたいことは、どのようなことなのかを考える
② ①を言うためには何が必要かを考える
③ ②で考えた枠組みをもとに、具体的な事項を入れる

① 言いたいことは、どのようなことなのかを考える

自分が言おうとしているメッセージは「どのような行為」なのかと考えるようにしましょう。今回の場合は、「新幹線で行こう」は、手段の提案を行っているということです。

② ①を言うためには何が必要かを考える

手段の提案を行っているという認識が持てれば、手段を提案するために必要なことは、「代替案が何なのか」「判断基準は何なのか」「判断基準に照らしたときに、代替案に比べて何がよいのか」の3つであることがわかります。

③ ②で考えた枠組みをもとに、具体的な事項を入れる

最後は、言いたいことを②で考えた枠組みに則ってメッセージを乗せていくことで言いたいことが固められます。

このアプローチの最大のメリットは、汎用化が効くということです。

例えば、新規顧客獲得のためのセミナーをオンラインで実施するか、対面で実施するかについて考えているとします。つまり、「オンラインか対面か」どちらの手段がよいのかに対して、結論を出そうとしています。したがって、先ほどのフォーマットが利用できます。仮にオンラインがよいということを言おうとすると、代替案は対面、判断基準は参加の気軽さ、実際の評価として、移動がなく軽装でも参加可能といった形で整理することができます。

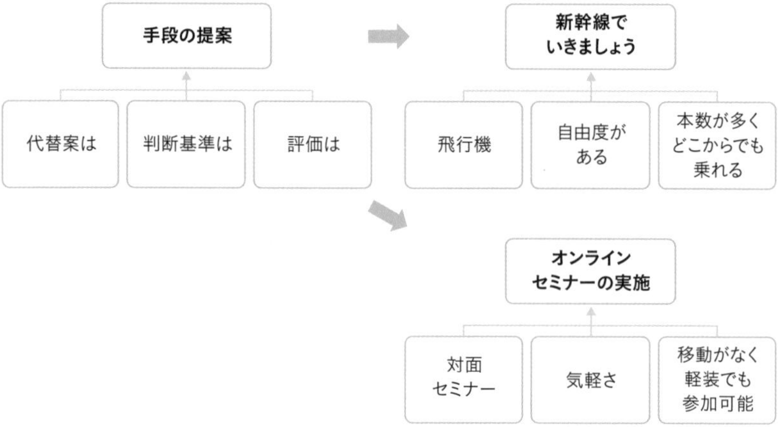

整理されたメッセージに沿って、次のように話ができます。

「今度のセミナーはオンライン参加にしたいと思います。気軽に参加できるかという点で、移動がなく参加ができること、加えて、家にいたままの軽装でも参加が可能なため、気軽に参加してもらえるのではと考えたからです」

演習問題

では、「最近の売上は好調だ」ということを言うためには、何を言えばいいのかを先ほど解説したポイントの手順に沿って考え、具体的にメッセージを作ってみてください。

解答

❶ 言いたいことは、どのようなことなのかを考える

「売上は好調だ」と述べています。そして、好調であると評価をしています。

❷ ❶を言うためには何が必要かを考える

評価をするためには、まず、比較対象が必要となります。単体ではいいのか悪いのかを判断できないからです。そして、評価基準が必要になります。さらに、比較対象と比べた上で評価基準に対してどのように判断ができるのかを述べる必要があります。

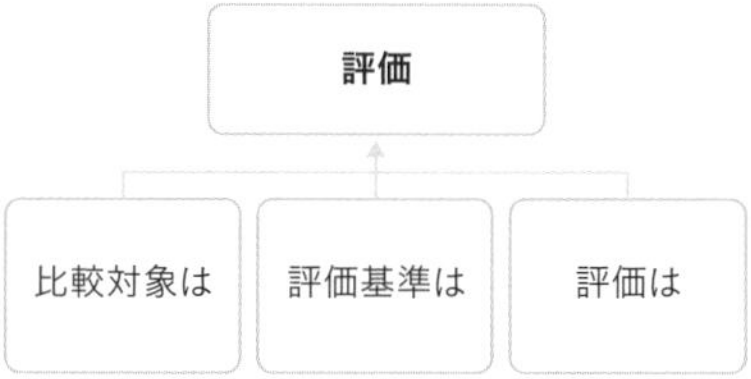

❸ ❷で考えた枠組みをもとに、具体的な事項を入れる

このフォーマットに乗せて、例えば、以下の図のように整理することができます。

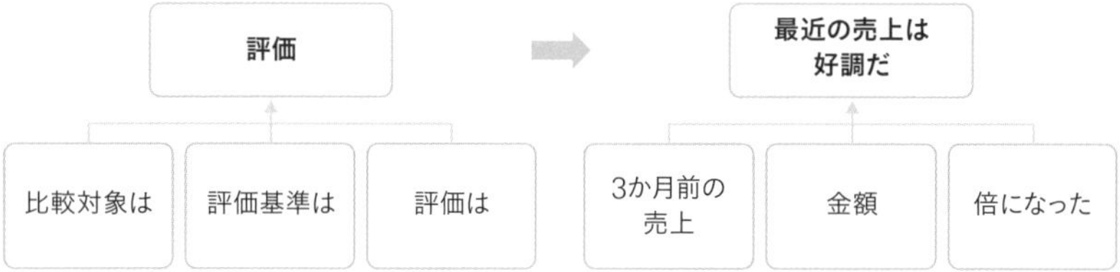

整理された内容に沿って考えると、「最近の売上は好調です。3か月前と比べてみて、倍になっているので、好調といってよさそうです」と説明することができます。

STEP UP!

最後に、事象を説明するパターンを考えておきましょう。

「Ａが起こっている」

Ａが起こっているということを言うためには、Ａ以外は起こっていないと言うことが必要です。Ａだけに注目をしがちですが、Ａが起こっているということを言うためには、Ａ以外にも注目する必要があります。

具体例を示すと「若手のモチベーションが下がっている」ということを言うためには、若手以外のモチベーションは下がっていないと言うことが必要です。もし、若手以外のモチベーションも下がっているのであれば、起こっていることは、「社員全体のモチベーションが下がっている」となります。

「若手のモチベーションは下がっている」ことは事実ですので、間違いではありません。しかし、ビジネスにおいては、それが特徴のある事象であるかどうかが大事です。一部分を見て、部分だけを説明することがないように、それ以外がどのような状況になっているかを押さえておきましょう。

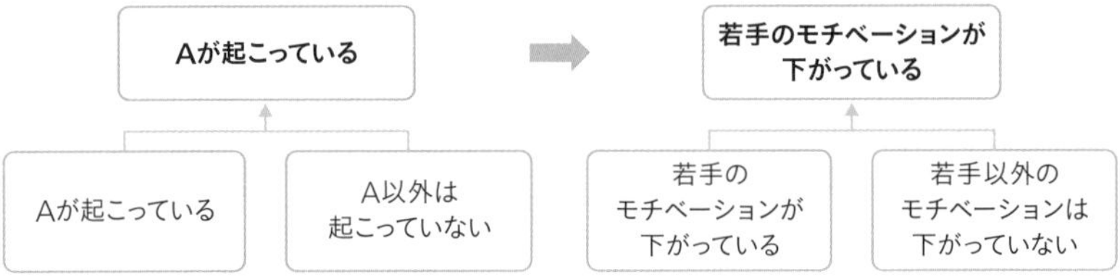

「Ａが起こっている原因はＢだ」

Ａが起こっている原因はＢだというのは、因果関係を証明することになります。因果関係の証明はしっかりやろうとすると実は難しい行為です。まず、ＡとＢが実際に起こっているという事実が必要です。そして、ＡとＢに原因と結果となる関係性があることに加え、Ｂ以外に影響を及ぼす他の要素がないこと、さらに、ＡとＢに時間的な近さがあるということを揃えるよう意識しましょう。

具体例は、以下のようになります。

商品Zの売上が下がった、その原因はCMを変えたことにあるということを説明する必要があるとします。

まず、結果Aとして商品Zの売上が下がったという事実が必要です。

また、原因Bとして、CMを変えたという事実も必要となります。さらに、今回は売上が下がったというよくない事象の原因を考えていることになります。したがって、原因BについてCMそのものの評判がよくないといった事実も押さえられるとよいでしょう。

そして、結果A・売上と原因B・CMが関係するかどうか。CMの出来栄えは売上に関係する要素であるため、関連性のある要素であると考えてもよいでしょう。

一方、売上の減少につながる事象はCMだけではありません。製品そのものや価格なども影響を与えるでしょう。したがって、CM以外については特に変えていないといった情報があるとよいでしょう。

最後に結果Aと原因Bの時間的な関係性も記しておくとよいでしょう。CMを変えた後から売上が減っているという情報が必要です。逆にCMを変えたのが1年前であれば、その影響が今出てくるとは考えにくい状況です。時間という観点も忘れないようにしましょう。

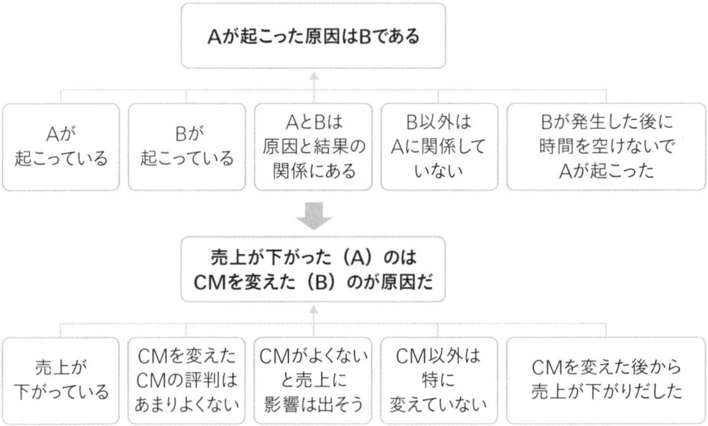

いずれの場合も大切なことは、言おうとしていることは何なのかを俯瞰して考えようとすること。その視点を持つことによって、どのような理由づけが適切なのかを考えることができます。

まとめ

- どんな理由を並べればよいかは、何を言おうとしているかによる
- 俯瞰して考えた結果は、汎用性がある
- 選択の場合は、代替案と判断基準と評価を並べる
- 評価の場合は、比較対象と評価基準と評価を並べる
- 事象、因果関係は、言いたいこと以外のものの排除がポイントとなる

CHAPTER 2 ESSENCE

5 伝わりやすさの第一歩は、一文を丁寧に書けるか。主語と述語を丁寧に表現することから始めよう！

6 全体がわかっているからこそできることがある。情報と情報をつなぐ一言がしっかり言えるように準備しよう！

7 まずは事実！　見えている風景を揃えてから、意見を述べよう！　そして、意見は基本的には各々異なるものと理解しておこう！

8 言いたいことは、何なのか。中身そのものだけでなく、俯瞰して、意味合いは何なのかを考えてみよう！

CHAPTER

3

相手から考える（具体編）

聞き手は、どんな情報が出てくるかがわからない中で話を聞き続けなければなりません。したがって、少しでも聞きやすく話すことが重要です。順番と情報量が適切で、これから起こることが事前に理解できると聞きやすくなります。また、発信者の独りよがりなメッセージは、受け取ってからが困ります。メッセージを相手が受け取った場合に何をどう感じるのかをしっかりと考慮に入れてメッセージをつくる必要があります。この章では、「相手から考える」ことをさらに具体化して学びます。

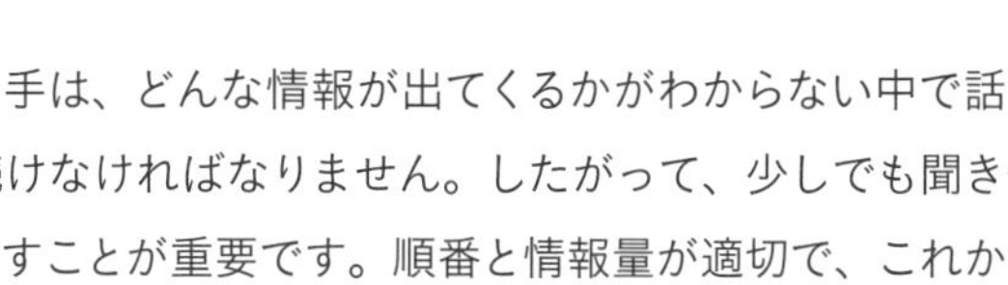

LESSON 09

順番と情報量をしっかり考える

「結局この話はどこに落ち着くのだろうか」と思いながら話を聞くことはないでしょうか。これは自分が話し手のときも注意が必要です。聞き手が同じ気持ちを持っていないかということを考えておく必要があります。人は得てして話したいことを話しがちです。一方で、着地の見えない話は聞き手にとってストレスになります。順番と情報量という視点で、何に気をつければよいのでしょうか。

(ケース1)

「1か月前に話は戻るのですが、A君がやってきて、C君を別のチームに変えてくれないかって言うんですよ」

「どうしてって、理由を聞いてみると、C君と上手く仕事が進められないって言うんですよね」

「そこで、同じチームのB君に話を聞いてみると、B君はC君とは特に問題がない、むしろA君と仕事がしにくいと言うんですよ」

「で、A君の話だけを鵜呑みにする訳にはいかないので、C君にも話を聞いてみると、B君とは上手く仕事が進められるけど、A君とはやりにくいということなんですよね」

「なので、A君を別のチームを変えることにしました」

A君、B君、C君それぞれと話をして、A君とB君、A君とC君の相性が悪いことがわかったため、A君を別のチームにする、というのは合理性のある判断です。

では、次を読んでみてください。前半は全く同じなので、最後だけで構いません。

(ケース2)

「1か月前に話は戻るのですが、A君がやってきて、C君を別のチームに変えてくれないかって言うんですよ」

「どうしてって、理由を聞いてみると、C君と上手く仕事が進められないって言うんですよね」

「そこで、同じチームのB君に話を聞いてみると、B君はC君とは特に問題がない、むしろA君と仕事がしにくいと言うんですよ」

「で、A君の話だけを鵜呑みにする訳にはいかないので、C君にも話を聞いてみると、B君とは上手く仕事が進められるけど、A君とはやりにくいということなんですよね」

「いや、丁寧に話を聞かないと1人の話だけで判断したら駄目ですよね」

いかがでしょうか。この一連の話の顛末は、「1人の意見だけで判断してはいけない」ということでした。

さて、聞き手の立場でこの2つのケースを振り返ってみましょう。

聞き手には、次の1から4の情報が順番に入ってくることになります。

1　A君からC君を別チームに変えてほしいと要望がある

2　理由は、C君とは仕事が上手く進められないから

3　B君と話をしたところ、B君とC君は、問題ない、むしろ、B君とA君は相性が悪い

4　C君と話をしたところ、C君もA君とのやりづらさを感じている

そして、前者の場合は、「A君を別のチームに変えることにした」という情報が最後に、後者の場合は、「1人の話だけを聞いていては判断を誤る」という情報が出てくることになります。

これを図示すると、次図のようなイメージになります。

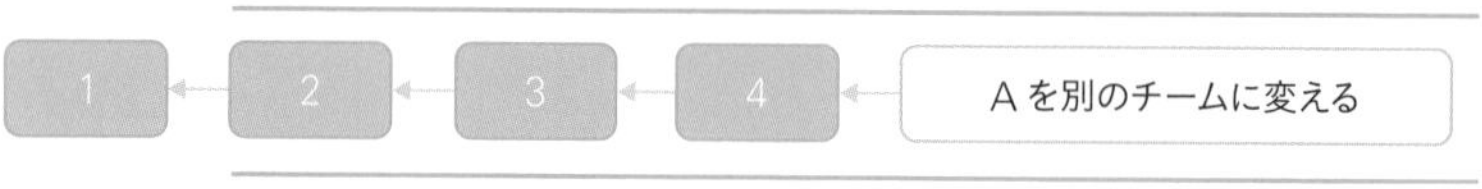

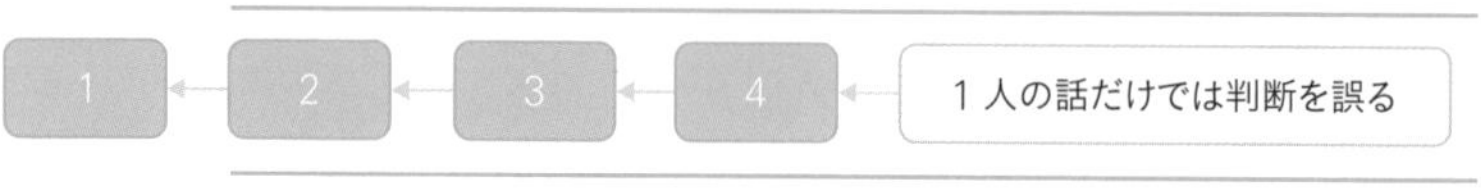

聞き手は、どんな結論になるのかがわからない状態で、1～4の情報を聞き、記憶していかなければなりません。そう考えると、話し手は、何となく思いつくまま語るということは避ける必要があります。自分でも先が見えていない話に相手を付き合わせるということになってしまうからです。また、伝えたいメッセージがある場合でも、最初にどの情報を伝え、次にどの情報を伝えるとよいのかをしっかりと考える必要があります。

なぜなら、聞き手は、1本の管から、1つひとつ出てくる情報を丁寧に理解して、聞き続けるということしかできないからです。「話をする順番が大事」ということがよく言われます。改めて、聞き手の立場にたって、情報を受け取り、記憶し続ける必要があるというその負荷の観点から、その重要性を意識するようにしましょう。

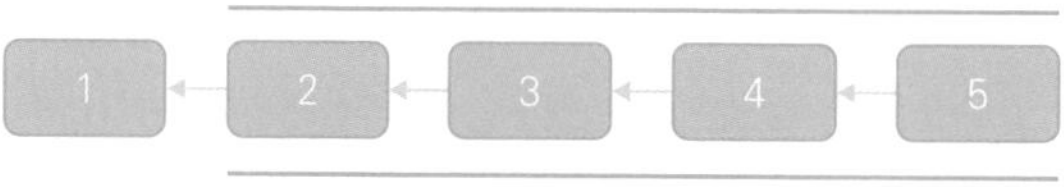

2、3、4、5に何があるかは
聞き手はわからない

POINT

❶ **一番伝えたいことは何なのかを明らかにする**
❷ **それを伝えるために何を伝える必要があるかを明確にする**
❸ **その上で順番とシンプルに伝えられないかを考える**

先ほどの例で考えてみます。

❶ 一番伝えたいことは何なのかを明らかにする

一番伝えたいことは、「A君を別のチームにする」ということになります。

❷ それを伝えるために何を伝える必要があるかを明確にする

A君を別のチームしようと考えた理由は、A君とB君、A君とC君の相性が悪く、B君とC君は特に問題がないからということになります。

❸ その上で順番とシンプルに伝えられないかを考える

まず、順番を入れ替えて、一番伝えたいことを最初に持ってきます。

「A君を別のチームにしようと考えているんですよ」
「1か月前に話は戻るのですが、A君がやってきて、C君を別のチームに変えてくれないかって言うんですよ」
「どうしてって、理由を聞いてみると、C君と上手く仕事が進められないと言うんですよね」
「そこで、同じチームのB君に話を聞いてみると、B君はC君とは特に問題がないということなんですよ。むしろA君と仕事がしにくいということなんですね」
「で、A君の話だけを鵜呑みにする訳にはいかないので、C君にも話を聞いてみると、C君もA君とは仕事がやりにくいということなんですよね」

ただ、これだと、後半は起こったことをそのまま話しているにすぎません。結論を先に伝えているため、起こったことをそのまま伝える必要性はありません。後半は、例えば以下のように要約して伝えることができます。

「A君を別のチームにしようと考えているんですよ」
「1か月前に話は戻るのですが、A君がやってきて、C君を別のチームに変えてくれないかって言うんですよ」

「どうしてって、理由を聞いてみると、C君と上手く仕事が進められないって言うんですよね」
「そこで、B君とC君にも話を聞いてみると、2人ともA君とは相性が悪いみたいなんですよ。逆に、B君とC君は問題ない、なので、A君を別のチームにすることにしました」

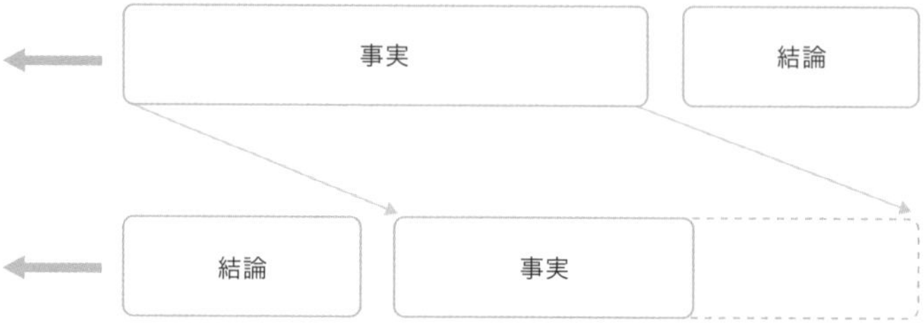

結論が先なら、伝える事実は減らせる可能性がある

結論を理解してもらうための事実を先に伝える場合に比べて、結論を先に伝える場合は、事実の量は減らすことができます。なぜなら、結論が先行情報として与えられるため、結論に合わせて事実を解釈することができるからです。

したがって、伝える方は、簡略化して伝えられないかという意識を持つようにしましょう。また、相手が理解をすれば、目的は達せられたことになるため、途中で省略することもできます。準備していたものすべてを伝える必要はないということです。

一般的には、どこに着地するのかがわからない中で、話を聞かされることは聞き手にとってストレスです。安心して聞けるという意味では、結論を先に話して、それを補足していくという流れの方が、聞き手にとっては優しいでしょう。

一方で、結論から話を始めると唐突感がある場合、もしくは、相手にとってネガティブなインパクトが大きい場合などは、必ずしも結論から先は得策ではありません。情報の量として受け止められるかと情報の内容そのものが受け止められるかを考慮に入れて、順番を考えるようにしましょう。

演習問題

(ケース2) の結論、「1人だけの意見で判断しない方がよい」ということを一番言いたいこととして、先ほどの会話をすっきりさせてみましょう。

解答

❶ 一番伝えたいことは何なのかを明らかにする

一番伝えたいことは、「1人だけの意見で判断しない方がよい」ということになります。

❷ それを伝えるために何を伝える必要があるかを明確にする

「1人だけの意見で判断しない方がよい」と考えた理由は、A君が言っていたことだけで判断をした場合とB君とC君の意見を確認して判断した場合に違った結論を出していた可能性があるからということになります。

❸ その上で順番とシンプルに伝えられないかを考える

まず、順番を入れ替えて、一番伝えたいことを最初に持ってきます。

「いや、丁寧に話を聞かないと1人の話だけで判断したら駄目ですよね」
「1か月前に話は戻るのですが、A君がやってきて、C君を別のチームに変えてくれないかって言うんですよ」
「どうしてって、理由を聞いてみると、C君と上手く仕事が進められないって言うんですよね」
「そこで、同じチームのB君に話を聞いてみると、B君はC君とは特に問題がない、むしろA君と仕事がしにくいと言うんですよ」
「で、A君の話だけを鵜呑みにする訳にはいかないので、C君にも話を聞いてみると、C君もA君とは仕事がやりにくいということなんですよね」

結論を先に伝えているため、起こったことをそのまま伝える必要性はありません。後半は、例えば以下のように要約して伝えることができます。

「いや、丁寧に話を聞かないと1人の話だけで判断したら駄目ですよね」
「1か月前に話は戻るのですが、A君がやってきて、C君を別のチームに変えてくれないかって言うんですよ」
「どうしてって、理由を聞いてみると、C君と上手く仕事が進められないって言うんですよね」
「そこで、B君とC君にも話を聞いてみると、むしろ問題があるのはA君のようなんです」
「A君の話だけで判断すると見誤るところでした」

なんとなく話すのではなく、結論を先にして、スッキリさせる

STEP UP!

情報間の関係性を踏まえ、順番について、どのように考えればよいのかを考えます。今、3つの情報をA、B、Cとした場合、Aに対して、BとCが支えているという状況を考えてみます。

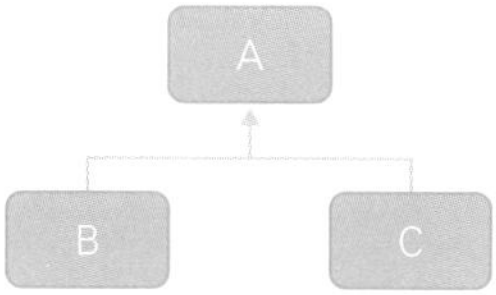

情報のつながり（1）

この場合、結論が先の場合

・A→B→C

・A→C→B

で、語ることができます。BとCは、並列と考えられるため、どちらが先でも問題はありません。

また、事象から伝える場合

・B→C→A

・C→B→A

となります。

一方で、B→A→C、もしくはC→A→Bは、並列と考えられる事象の片方を先に伝え、結論をその後に述べ、また、事象に戻るという流れになりますので、若干不自然な流れになります。

次に、A、B、Cの3つが、連続性を持って語られる必要がある場合は、以下のように整理することができます。

情報のつながり（2）

結論が先の場合は、最終的な結論Cを伝え、その前に何が起こったかBを伝え、さらにその前に何が起こったかAを伝える。C→B→Aが自然な流れになります。また、事象から先に伝える場合は、発生した順番にAが起こって、Bが起こって、Cが起こったと伝える。A→B→Cの順番で伝えることも自然です。

そう考えると、例えば、最初に発生したAを伝え、その後、最後に起こったことCを伝えBに戻ることA→C→B、2番目に起こったBを最初に伝え、最初に起こったAに戻り、最後に起こったことCを伝えること、B→A→Cといった順番は自然さという観点では少し違和感のある流れになります。

このように情報間の関係性をきちんと意識することができれば、どの順番は可能で、逆にどの順番は相応しくないのかの判断ができます。これは、大きな段落間の関係性に置き換えても同じ発想で考えることができます。「順番が大事」で終わるのではなく、伝えようとしている情報間の関係性をきちんと理解するようにしましょう。

まとめ

- 会話では聞き手は1つひとつの情報を順番にしか聞けない
- 先の見えない話は聞き手にストレスになる
- 話したいことだけを話していないかという視点を持つ
- 量と共に内容のキャパシティも考慮に入れる
- 情報間の関係性を理解できていると順番が考えやすくなる

LESSON 10

何が起こるかを伝える

わかりやすいと感じる人の話は、実は中身がわかりやすいだけではありません。安心して話を聞くことができるからわかりやすいということが多いものです。では、話の中身以外に何を伝えればよいのでしょうか。安心感を持って聞いてもらうためにはどうすればいいのでしょうか。

「これから30分時間をいただいて、説明をしていきます。最初10分ほどで、お伝えしたいことの背景を、その後15分ほどで具体的な提案を述べさせていただきます。最後5分は質問の時間を設けたいと思っています。ただ、途中でも構わないですので、気になったことがある場合は遠慮なく、言ってください。その場で回答するかどうかも判断しながら進めていきたいと思いますので……」

普段、似たような説明を聞いたことがある人も多いと思います。当たり前のように感じる人もいるかもしれませんが、何がこの後、起こるかを伝えて話を始めることは重要です。なぜなら、聞き手は、どういった想定で話を聞けばよいのか予測ができるからです。それによって、これからの話を安心して聞くことができます。

少し丁寧にメッセージの意味を整理しておきましょう。

まず、冒頭の「これから30分時間をいただいて～（中略）～最後5分は質問の時間を設けたいと思っています」について考えます。

これは、30分の時間が、10分（背景）＋15分（提案）＋5分（質問）で構成されることを伝えています。構成が伝えられないまま話が始まると、聞き手はどんな30分になるのかがわからない中で話を聞かなければなりません。構成がわかることによって、何にどのぐらいの割合で話が進むのかということについて、イメージを持つことができます。

今回の例では最初の10分は、次の15分の本論のための準備であるという認識を持つことができます。それによって、「早く本題に入ってくれないかな」とか、「この話は何と関係があるのだろう」といった余計な考えを持たなくても済みます。また、最後に質問の時間が「ある」ということが明示されることも聞き手にとって有益な情報の1つになります。

次に後半部分の「ただ、途中でも構わないですので、気になったことがある場合は遠慮なく、言ってください」を考えます。

これは、質問の時間を最後に設けるものの途中で中断して質問してきても構わない、言い換えると最後の5分まで待たなくてもいいということを伝えています。つまり、25分の間、どういう姿勢で聞いていればよいのか、かかわり方について明らかにしていると言えます。

そして、最後の「その場で回答するかどうかも判断しながら進めていきたいと思いますので……」。これは、言い換えると途中の質問はその場で答えるかどうかはこちらで判断をするというメッセージになります。

「こんなこと質問してもいいのかな」とか、「最後にまとめての方がいいのかな」といったことで迷う必要がないということを伝えているとも言えます。流れの中でどう対応するべきかについては、こちらで考えるので皆さんは何か疑問が生じたら迷わず率直に伝えて大丈夫、というメッセージです。構成やかかわり方を伝えた上で、さらに聞き手が想起することへの対応をしています。

POINT

❶ **構成を伝える**
❷ **聞き方を伝える**
❸ **もう1つ先をフォローする**

❶ 構成を伝える

全体の時間がどのように使われる予定なのかを冒頭に伝えるようにしましょう。30分とか60分とかまとまった時間をもらっているときはもちろん、1分とか3分とかの短いスピーチでも、何について話をするかを簡単に冒頭に述べるということを心がけましょう。

ただ、1分とかそもそもの全体の時間が長くない場合には導入が長すぎると本題に割ける時間が減り、影響が大きいので、入れるとしても簡単に一言二言がお勧めです。

❷ 聞き方を伝える

どういうスタイルで話を聞けばよいのかも伝えておくとよいです。質問の時間は最後にまとめてとりますので、それまでは手元でメモしながら聞いてくださいといったことを伝えるのもいいです。

一方的に話をするだけではなく隣の方と意見交換をしてもらうような場も考えている際は、事前にその案内があった方が、心づもりができるので聞き手にとって親切です。

❸ もう1つ先をフォローする

そして、最後にもう1つ意識できるとよいことが、余計な考えをめぐらさずに話が聞ける環境をつくるということです。何かを伝えた際に、さらに聞き手がどういうことを想起するかということをイメージしていくことで対応ができます。

例えば、「質問の時間が最後にあります」ということを伝えると、「逆に最後の時間までは質問はしてはいけないということなのか？」といった疑問が聞き手には浮かびます。

また「途中でもよいので、自由に質問して構いません」と伝えると、「本当に何でも聞いてよいのか」といった反応が想起できます。その反応まで予測して、さらに一言補足ができないかということを考えるようにしましょう。

この先何が起こるのかを知っているのは、話を準備しているあなただけです。逆にそれはあなただけが知っていることですので、予め伝えて害のないものは積極的に共有していくことが大切です。

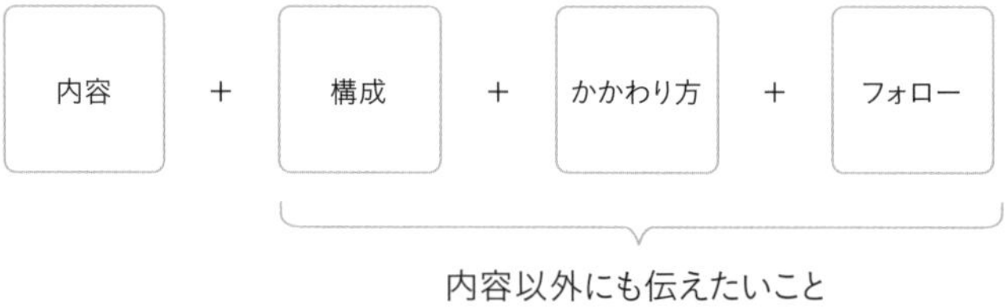

演習問題

「今日は、これからAというテーマに10分、Bというテーマに10分、Cというテーマに10分、そして最後に意見交換として15分、合計45分時間を使っていこうと思っています。ただ、先に、今日どのようなことができるとよいか、皆さんの期待や知りたいことがあったら先に聞かせてもらえますか。それによって、時間の配分や内容をそれに合わせていこうと思います。いかがでしょうか」

前半は、構成を伝えるということをしていますが、後半の下線部のメッセージには、どのような効用があるでしょうか。

解答

　後半の下線部では、参加者の関心を募っています。話を始める前に、関心を募るということで、参加者の関心に合わせて話をしようとしているという意図を伝えることができます。参加者は、自分たちの関心に寄り添おうとしてくれているという意図から安心感を持つことができます。仮に関心を聞いた上で、当初予定してきた話を上手く調整できないこともあるかもしれません。そうであっても**関心に寄り添って話をしようとした意図は伝わります。**

　また、関心そのものが理解できることは、話の強弱をどのようにつければよいかということが判断しやすくなります。加えて、参加者の関心を聞くやりとりを通じて、参加者のこの場に対する期待や温度感といったことも推察することができます。**参加者の状況を知ることができる**ということは、話し手にとってもメリットがあります。

　そして、そのやりとりをすることで、場が作れるということにも価値があります。**話し手が一方的に話すのではなく、双方の場であるという認識を持ってもらうことができることが最大の価値**かもしれません。

　参加者とのやりとりを行うプロセスも積極的に織り込んでいくようにしましょう。

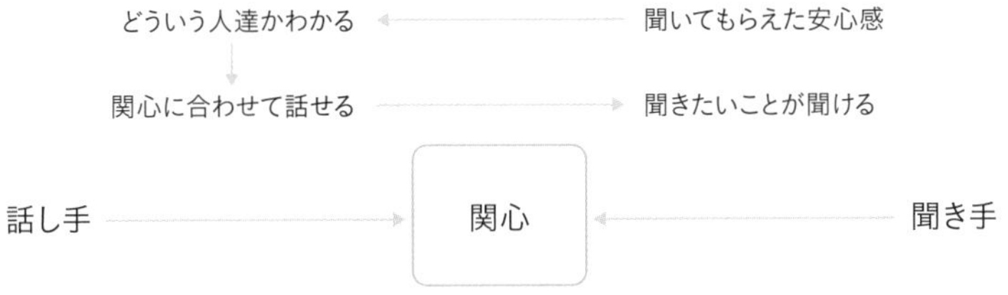

STEP UP!

　ここまで考えてきたことをまとめておきます。まず、伝える内容は、伝える中身だけではないということです。

伝える内容＝伝える中身そのもの＋構成＋かかわり方＋フォロー

伝える中身以外に、どのように話をする予定なのかという構成、その進行に対してどんなかかわり方でいられるのか、さらに、構成やかかわり方を伝えた際に、聞き手が感じるであろうことへのフォローなど、伝える中身以外にも伝えられることがあります。

これらは、**実は聞き手のことを考えて設計できることですし、広義な意味での伝える中身ということもできます。わかりやすい人の話は、実はそこまでが自然に織り込まれており、それがわかりやすさにつながっているのです。**

最後に重要なポイントが1つあります。コミュニケーションは「話し手」「聞き手」という構図で物事を考えてしまいますが、本来、双方向性を持った営みです。一方向で話すこともできなくはないですが、双方向に参加者側からの声を拾うことも大事なことです。

例えば、手をあげてもらうといったことも立派な双方向のコミュニケーションの手段です。また、参加者同士で話をする機会を設けるといった場づくりも意外に有効です。**与えられた時間と空間を話し手が100%占有する必要もありません。伝える場を全体で創っていくということにつながる働きかけも同時に意識していきましょう。**

テーマを中心に一緒に語り合える関係へ

まとめ

- 準備しているあなただからこそ言えることがある
- 構成、かかわり方なども併せて伝える
- 聞き手に余計な頭を使わせないようにする
- 双方向のやりとりも意識してみる。場を１人だけで占有しない
- 広義な中身を伝えることは聞き手のことを考えているからこそ。それが安心感として伝わる

LESSON 11

相手にとっての「+α」を考える

人は、伝えようとすることを一生懸命わかりやすく伝えようと頑張ります。わかりやすく理解してもらえるという意味では相手に寄り添えているということができます。ただ、伝えたいことが伝わったとしてもそれが受け手にとってどのような意味があるのか、がないと単に伝えただけになってしまいます。受け手にとって意味のあるメッセージにするためにはどうすればよいのでしょうか。

あたなは、「平均」について、相手に説明をする必要があるとします。さて、次のケースA、B、Cの3つの説明、どれがいいでしょうか。

（ケースA）

「50、45、30、40、50、5つの数の平均は、43です。どのようにして求めるかというと、全部の数値を足して、それを個数で割ると算出することができます」

（ケースB）

「平均は、いくつかの数字を1つの数値で代表させられないかという目的で使われます。複数の数字をすべて伝えることはできませんし、聞いても理解ができないからです。50、45、30、40、50、5つの数の平均は、43です。どのようにして求めるかというと、全部の数値を足して、それを個数で割ると算出することができます」

（ケースC）
「平均は、いくつかの数字を1つの数値で代表させられないかという目的で使われます。複数の数字をすべて伝えることはできませんし、聞いても理解ができません。50、45、30、40、50、5つの数の平均は、43です。どのようにして求めるかというと、全部の数値を足して、それを個数で割ると算出することができます。あなたが、担当している5店舗の営業報告をしなければならないとします。5店舗の売上が、50万円、45万円、30万円、40万円、50万円だった場合、『5店舗の平均の売上は、43万円です』と1つの数字に集約させて報告することができます」

ケースA、B、C、3つの文章の違いを比較してみます。

ケースAは、平均はどう計算すればよいのかということについてのみ、記載されています。
ケースBは、ケースAの情報に加え、「平均」という概念がなぜ必要となっているのかということが付け加えられています。
ケースCは、ケースBの情報に加え、「平均」という概念を具体的にどのように活用すればよいのか、事例を提示し補足しています。

簡略化して図示すると、以下のようになります。

では、ここで、相手によって内容が変わるかという視点で、ケースA、B、Cを改めてみてみましょう。そう考えるとケースAとケースBは、「一般論として平均とはどういうものか」を語っているにすぎません。相手の存在に

は関係がなく、話せてしまう内容です。

もちろん、相手のレベルに合わせてどう説明するかということは考える必要はあります。ただ、それは説明の詳細度の違いであって、内容は誰に対しても変わりません。相手によって内容が変わるのはケースCの「どのように使えるか」を相手に合わせて説明をする場合、ここで初めて「相手」が登場してきます。

そうするとケースAもしくはケースBで話をするということは、「相手は誰でもいい」内容を話していることになります。このように、誰に対しても変わらないことを一生懸命話すということが、よく起こります。今回の「平均」を説明するという目的にも適った内容ではあります。ただ、「目の前のその人」に話をするのであれば、その相手に対してのメッセージになるよう「＋α」の情報を添えていくようにしましょう。

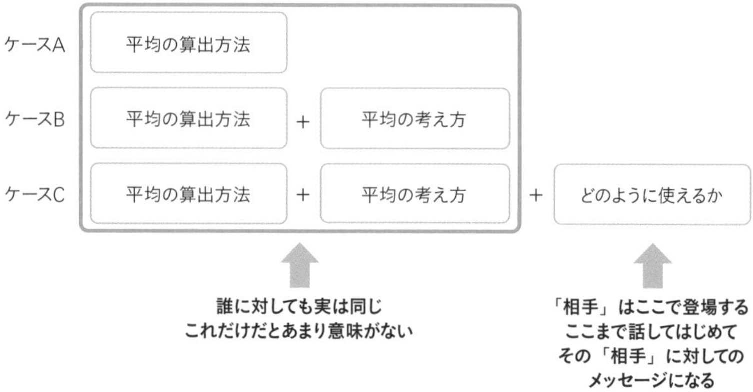

POINT

❶ **伝えたいことをわかりやすく説明できる準備をする**

❷ **伝えたいことの後に相手にとって意味のある「＋α」を加えられないかを考える**

❶ 伝えたいことをわかりやすく説明できる準備をする

前述の事例では、ケースA、Bが該当します。平均についての算出方法や考え方について、説明ができる準備をします。

❷ 伝えたいことの後に相手にとって意味のある「＋α」を加えられないかを考える

平均についての説明だけだと、その説明を受けた相手は、平均というテーマについての情報を話し手から受け取っただけにすぎません。そこで、伝えている内容と相手との関連性を持たせるためにどのようなことが追加できるか考えてみます。今回は、実際にどのように活用すればよいのかを相手の状況を使って例示という形で「＋α」を伝えています。

相手にとって、どのような意味があるかという意味合いの付与、どのように利用すればいいのかという具体例など、伝える内容によって「＋α」はさまざまです。**伝えたいことだけを伝えて、自己満足しないよう気をつけましょう。相手にとっての「＋α」があって初めて相手へのメッセージになります。**

演習問題

「セミナーで紹介する映像を選んでおいてほしい」という依頼を考えます。

ケースAに比べて、ケースBには、どんな「＋α」が追加されているか考えてください。

（ケースA）
「今度のセミナーで、15分ほど映像を紹介したい。映像ライブラリの中からよさそうな素材をピックアップしておいてほしいのだけれど」

（ケースB）
「今度のセミナーで、15分ほど映像を紹介したい。映像ライブラリの中からよさそうな素材をピックアップしておいてほしいのだけれど。動画は全部で10本。1本は大体5分。10本の中から3本を選んでもらうようなイメージです」

解答

ケースAは、依頼の内容そのものが語られています。

ケースBは、ケースAの内容に加えて、映像ライブラリにある動画が総量として何本あるのか、その中から何本選べばよいのかが語られています。

ケースAのような依頼の内容だけだと、聞き手は具体的に何をすればいいのかイメージできません。動画の総量と何本選べばよいかがわかることによって、どの程度の時間を必要とするのかイメージができます。その依頼を遂行するための必要な工数が理解できていることになります。

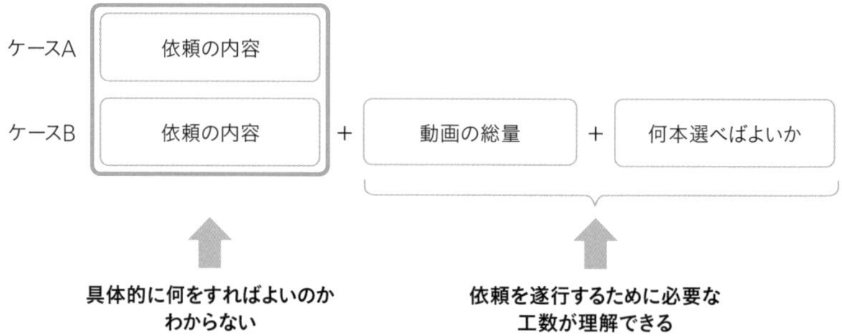

さらに、工数の違いという視点で、次のケースCを見てみます。

（ケースC）

「今度のセミナーで、15分ほど映像を紹介したい。映像ライブラリの中からよさそうな素材をピックアップしておいてほしいのだけれど。動画は全部で50本。1本は大体15分。50本全部の確認は難しいので、タイトルからめぼしい候補を3本ぐらい選んで、その中から今回のセミナーにフィットしたものを1本選んでくれればいいです」

ケースBとケースC、準備するために必要な工数は以下のようになります。

ケースBでは、「動画の総数は、10本。1本の長さは5分。選ぶ本数は3本」。

ケースCでは、「動画の総数は、50本。1本の長さは15分。めぼしいものを3本に絞って1本を選ぶ」。

事前に確認しなければならない映像を視聴する時間は、ケースBでは、5分×10本＝50分、ケースCでは、15分×3本＝45分でそう変わりません。ただ、実際に何をしなければならないのかは、ケースBとケースCには違いがあるということです。そして、これは、動画の総数と何本選べばよいかという情報が伝えられて初めてイメージできることで、ケースAのように依頼したい内容だけでは伝わりません。

ケースAの場合、候補がどの程度あるのか、選ぶための工数がどの程度かかるのかが、全くわからないという状況でこの依頼を受けなければならないということになります。

依頼を伝えるということのみで自己満足することなく、相手にとって必要となる「＋α」は何かということを丁寧に考えるようにしましょう。今回の場合、「作業工数がどの程度になるのか」という情報が、相手にとっての「＋α」となります。

また、今回の事例は、自分が知っている情報を相手に伝えるということが、「＋α」になると捉えることもできます。作業を依頼される側は、そもそも動画の総量を知らないと仮定すると、全部でどの程度の量があるのかがわかるだけでも意味があります。自分の持っている情報は実は相手は知らないかもしれない、自分の持っている情報を共有するだけで意味があるかもしれないという意識も持っておきましょう。

STEP UP!

相手にとっての「＋α」、別の視点で整理しておきます。まず、伝えようとしている内容に意図を持っているということを伝えることも「＋α」になります。

具体的には、伝えようとしている内容が複雑な場合、もしくは、分量が多い場合などを想定してください。限られた時間の中ですべてを説明することができない場合は、内容を絞って伝えるということになります。その際に、例えば、「もう少し詳細に説明することもできるのですが、まずは、今回の内容に絞って案内をさせていただきました」と伝えるとします。意図を持って絞っているということが伝わることが相手にとっての「＋α」になります。

また、伝えた内容の程度について言及することも相手にとっての「＋α」になります。たとえば、すぐに理解することが難しいことが予想される内容の場合などに、「理解のためには一般的にも時間が必要な内容ですので、今この場で100％理解ができなくても大丈夫です」と言ったコメントをするということです。伝えた内容が今の段階でどの程度理解できていればよいのか、その程度を伝えるということです。

伝えたいことをできるだけわかりやすくというのは、もちろん心がけるべき努力の方向性です。ただ、伝えたい内容の精緻化だけに走るのは危険です。相手にとっての「＋α」があるのかという視点を忘れないようにしましょう。

まとめ

- 伝えることだけに一生懸命にならない
- 誰にでも話せる内容は相手へ向けてのメッセージになっていない
- 相手にとっての「＋α」をあれこれ考える癖をつける
- 自身の持っている情報を切り出すことも立派な「＋α」である
- どのように受け止めればよいのかも立派な「＋α」である

LESSON 12 前に進むメールにする

仕事ができる人からのメールは、「楽」なものです。「楽」である理由は、まず、理解するのに負担がかからないということ、読んですぐに内容と自分に求められていることがわかります。そして、返信も「楽」、一言、「了解しました」と返せば済むようになっていたりします。逆に、返信するための負担がかかり、さらに自分の返信が遅れれば遅れるほど、案件が止まってしまうような聞き方をしてくるメールがあります。受け手の負担が軽く、そして、前に進むメールにするにはどうすればよいのでしょうか。

（メールA）

「今度のプロジェクトのメンバ、チームからの公募にしたいと思います。ご意見お聞かせください」

（メールB）

「今度のプロジェクトのメンバ、チームからの公募にしたいと思います。スキルのバランスを考慮し指名するということも考えたのですが、やる気を重視し公募で進めようと思います。3日後にその旨、チームに通達を出す予定です。もし、ご懸念などあればそれまでにコメントください」

これら2通のメール、受け取った相手が、どのような対応をする必要があるかという点から違いを考えてみます。

（メールA）は、「メンバをチームからの公募にする」ということに対して

「ご意見お聞かせください」と見解を求めています。したがって、メールを受け取った側は、自分がどう考えるかを伝える必要があります。ただ、具体的にどういう視点で意見が求められているのかがわかりません。

・チームからの公募に対して、賛成なのか反対なのかを表明することが求められているのか
・仮に反対と表明した際にどんな代案が想定されているのか
・そもそも、反対するということが時間的に許容されるのか

といった具合に、受け手は自分の意見を表明するにあたって考えなければならない要素が多く存在するという状況になっています。メールを受け取った側の負担が非常に大きいメールと言えます。

その点、(メールB) は、(メールA) と比べると、情報が豊富です。

・代案が何か
・代案と比べて提案内容を選んだ理由は何か
・今後何をする予定なのか
・読み手に何を求めるのか

などが盛り込まれています。返信をする際に、いろいろと自分で考える必要があった内容が予め伝えられています。また、「懸念があればコメントください」となっているため、懸念がなければ、極端な話、本メールに対しては返信も不要ということになります。

メールを作成する際には、「相手が返信をする際に必要な情報を簡潔に伝えられているか」ということをまず考えましょう。相手が賛成の場合に「了解です」の一言を返信すればよい、そんな内容にできているかどうかが、判断の目安になります。そして、返信で相手に何を求めるのかを明確にすることです。その際、(メールA) のように、相手に意見を求める形にしてしまう

と、相手の返信を待たないと次のアクションに移れません。

そこで、(メールB) のように、「今後何をする予定なのか」を示し、問題がある場合には期限を切って、返信を求めましょう。これによって、期限を過ぎても返信がなければ、問題がないものとして、次のアクションに進めることができます。

返信するために必要な情報が盛り込まれた上で、賛成の場合には、返信がなくても次のアクションにつなげられるような前に進むメールを心がけましょう！

POINT

❶ 自分の言いたいことを骨格に据える
❷ なぜそう考えたのか理由を追記する
❸ 予定しているアクションを追記する
❹ 相手に何を求めるのかを追記する

❶ 自分の言いたいことを骨格に据える

先ほどの例の場合、「プロジェクトのメンバを公募制で募りたい」ということが言いたいことになります。これを起点に情報を拡充していきます。

❷ なぜそう考えたのか理由を追記する

次に必要なことは、「公募制がよいと考えた理由」です。なぜなら、受け手は結論だけを聞いても納得できないからです。また、公募制でなければ、どのような代案があるのかということも気になる可能性があります。代案として何を考え、その上で、なぜ公募制がよいと考えたのかといったことまで、説明がされているとよいでしょう。

そこで、例えば、「スキルのバランスを考慮し上手くバランスがとれるよう指名するということも考えたのですが、やる気を重視し公募で進めようと思います」と補足することができます。
これによって、以下の3つのことが伝えられます。

・指名という代案が存在すること
・指名の利点はスキルのバランスが図れること
・一方で、やる気を重視するという理由で公募にするということ

「公募（メリットは、やる気）と指名（メリットは、スキルバランス）の比較を行った上で、公募を選択した」という書き手が頭の中で考えたことを受け手の頭の中に展開することができます。

❸ 予定しているアクションを追記する

公募制にするとした場合に、予定しているアクションを追記しましょう。今回のケースでは「3日後に、チームに対して周知する予定である」ということを伝えています。次に何を予定しているかを示すことによって、相手は返信の必要性を判断することができます。

次のアクションに対して、特に違和感を覚えない場合は、乱暴な言い方をすれば返事をしなくても問題ありません。一方、次のアクションを止めたい、もしくは変えたいということであれば、**返信の必要性は高まります。返信の必要性の程度を相手に判断させることができるということが重要です。**

❹ 相手に何を求めるのかを追記する

相手からの返事がなくても次に進められるように書き込んでいる訳ですので、「懸念があれば、期限までにコメントがほしい」といった具合に、期限と特にコメントがなければ進める旨を伝えるようにしましょう。

また、助言がもらいたいのであれば、「ノーアクションで構いませんが、もしアドバイスなどがあれば、○○までにお願いします」といった形で、「助言がほしい」という意向をきちんと表現することです。**相手に、いつまでに何をすればいいのかをしっかりと伝えることが重要です。**

ここまでの内容を図示すると以下のように整理できます。

下左図は、相手の返事を待ってしまうメールです。相手にさまざまなことを考えさせることになり、また、相手からの返答を待たないと次に進めない構造になってしまっています。

下右図は、それを相手の返事を待たなくても、進められるように変えたものです。相手にさまざま考えさせることのないよう、自分で考えた思考の経緯までをきちんと盛り込んでいます。また、次の予定のアクションも同時に盛り込むことで、相手からの返事がなくても、次のアクションに移していくことが可能になります。

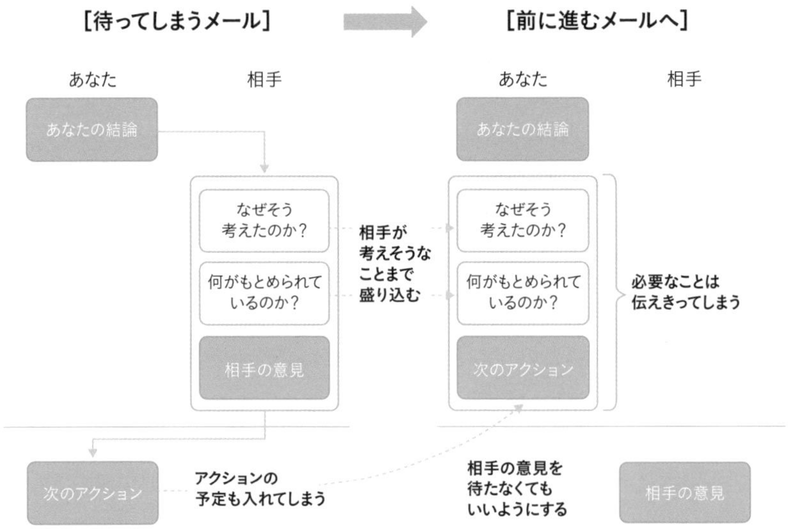

仕事でのメールは、基本は成果につなげていくために関係者間でやりとりされるものです。極力、提案型の前に進むメールを意識して、組織内でコミュニケーションを図っていくようにしましょう。

演習問題

あなたは、3か月後に新規の顧客獲得のためのセミナーを企画しています。他部署のX部長に講演者として登壇してもらいたいと考えています。そこで、以下のような依頼のメールを書き起こしてみました。

「X部長、お世話になっております。この度、わが部では、新規の顧客候補にセミナーを実施したいと考えております。つきましては、X部長にぜひ、登壇をお願いできないかと考えているのですが、いかがでしょうか」

まさに「依頼」だけを書いたメールができあがりました。前に進むメールにするために、X部長にさらにどのようなことを伝えればよいか考えてみてください。

解答

❶ 自分の言いたいことを骨格に据える

今回の例の場合、「セミナーに登壇してほしい」ということが言いたいことになります。これを起点に情報を拡充していきます。

❷ なぜそう考えたのか理由を追記する

次に必要なことは、「X部長に打診をしている理由」が必要となります。加えて、打診されるX部長は、次の事項についても気になるかもしれません。

・自分以外に候補はいるのか
・断るといったことも可能なのか
・仮に受諾をした際にどのような内容になるのか

そこで、例えば、「半年前にX部長が講演された内容を知って今回依頼をさせてもらっている。今回のセミナーも基本的には同じ内容で実施できればと考えている。難しければ、他の方も候補に考えるが、半年前の講演の評判が我々の顧客からもよく、X部長にぜひお願いしたいと考えている」と補足することができます。

これによって、以下の3つのことが伝えられます。

- 半年前のセミナーが好評だったのがX部長に依頼をしたい理由
- 同じ内容で実施できればよいと考えている
- 他の候補も検討はするが、X部長にお願いできるのであればそれが望ましい

書き手が頭の中で考えたことを受け手の頭の中に展開することができます。

❸ 予定しているアクションを追記する

仮に反対されなかった場合に、予定しているアクションを追記しましょう。例えば、今回の依頼については、メールはあくまでも打診と位置づけ、詳細な説明をさせてもらう場を別途設けさせてほしいといった方向性などが考えられます。

❹ 相手に何を求めるのかを追記する

前に進むメールにするために、期限と特にコメントがなければ進める旨を伝えるようにしましょう。予定しているアクションと合わせて、「メールではお伝えしきれない部分もありますので、決定的にNGということでなければ、一度詳細を説明させてもらうミーティングの場を持ちたいと考えています。2週間後を目安にセッティングさせていただきますが、もし、不都合あればご連絡ください」といった内容が一例として考えられます。

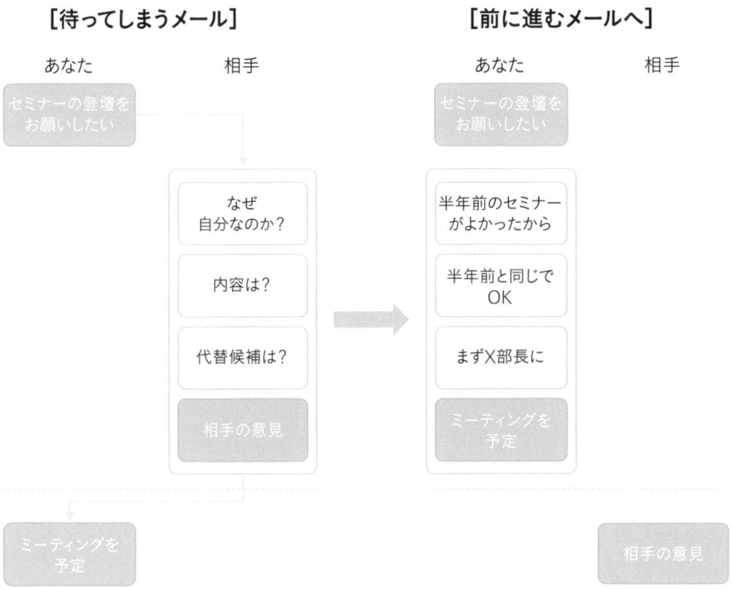

ここまでの内容を反映させると、以下のように待ってしまうメールを前に進むメールに変えることができます。

例
待ってしまうメール

> X部長、お世話になっております。
> この度、わが部では、新規の顧客候補にセミナーを実施したいと考えております。つきましては、X部長にぜひ、登壇をお願いできないかと考えているのですが、いかがでしょうか。

前に進むメール

> X部長、お世話になっております。

この度、わが部では、新規の顧客候補にセミナーを実施したいと考えております。つきましては、X部長にぜひ、登壇をお願いできないかと考えているのですが、いかがでしょうか。

半年前にX部長が講演された内容を知って今回依頼をさせてもらっています。今回のセミナーも基本的には同じ内容で実施できればと考えています。もし、お忙しいなど、難しければ、他の方も候補に考えたいと思いますが、半年前の講演の評判が我々の顧客からもよく、X部長にぜひお願いしたいと考えています。

メールではお伝えしきれない部分もありますので、決定的にNGということでなければ、一度詳細を説明させてもらうミーティングの場を持ちたいと考えています。2週間後を目安にセッティングさせていただきますが、もし、不都合あればご連絡ください。

STEP UP!

ここまで、どうメールを書くかという話をしてきましたが、最後にメールの限界について考えておきましょう。

まず、**ニュアンスなども含め、背景情報をしっかりと伝える必要がある場合は、メールにしない方がよいでしょう。**背景情報（コンテキスト）を補うために丁寧に書こうとすると時間がかかりすぎること、仮にそこまで頑張ったとしても意図通り伝わる可能性は100%ではないからです。同様の理由で、**感情を伴う案件なども避けることが賢明**です。

また、転送などで拡散も容易にできてしまうというメールという手段の特性も考慮に入れておきましょう。**題材がメールという手段に合致しているかという視点とメールという手段の特性の2つを考慮**に入れて判断していく必要があります。

また、書いて伝えることに限界もあります。一定レベル以上は、書き込んでも伝わりきらない領域が存在するのも事実です。**必要以上に書くことに労力をかけすぎていないかという視点も持っておく必要があります。**幸い、オンライン会議というコミュニケーションのフォーマットが一般化しました。対面と同等という訳にはいきませんが、顔を見て、そして、時間を共有する形でのコミュニケーションが可能です。

また、対面よりも気軽にセッティングすることが可能です。メールに適しているかということをしっかり判断しつつ、メールでは難しいと考えられる場合は、**オンラインの環境を柔軟にそして積極的に選択していくことも視野に入れていきましょう。**

まとめ

- メールは、相手が返信を書くときのことをイメージして書く
- 相手が考えそうなことはできる範囲で先に盛り込む
- 「了解です」と書けばよい状況になっているか確認する
- 相手の返事がなくても先に進められるように書く
- メールにしないという選択肢も積極的に考える

CHAPTER 3 ESSENCE

9 たかが順番、されど順番。それは、相手にとって何がよいかを考えぬいて決まるもの

10 先を知っているのは、あなただけ。先を知っているからこそできることを「内容」に織り込むことが相手のためにできること

11 相手にとっての＋αが乗ってこそ、コミュニケーション。それはその人へ向けての内容になっているか、逆に誰に対しても「同じ」話になっていないか注意しよう

12 仕事は成果へ向けて前に進めるために行うもの。あなたが少し丁寧に情報を盛り込むことで前に進められる

CHAPTER 4

わかりやすく伝える（具体編）

書いて伝える場合には、文字や図表を媒介にできることが武器になります。これは目に働きかけることができるということです。「見ることができる」ということの価値を上手く利用しない手はありません。また、伝えたいメッセージをしっかりと受け止めてもらうためには、論理的に筋の通った結論だけでは不十分です。伝え手の決意や意気込みなど想いがきちんと伝わることが重要です。この章では、「わかりやすく伝える」ことをさらに具体化して学びます。

- わかりやすく伝える（具体編）
  - 目に訴求する
    - 13　グラフを上手く使う
    - 14　スライドに仕事をさせる
  - 想いを伝える
    - 15　感情を乗せ、感情に寄り添う
    - 16　想いを伝えるために一手間をかける

LESSON 13

グラフを上手く使う

何かを説明する際、文字だけでなくそこにグラフが入ると、それだけで印象を変えることができます。また、グラフは読み手の視覚に語りかけることができます。上手くグラフを使うことができれば、伝えたいことを文字だけのものよりわかりやすく伝えることが可能になります。では、具体的にどうすればグラフを上手く使えるのでしょうか。

下のグラフは、今月、ショールームに来場した人数を曜日ごとに集計したものです。よりわかりやすいグラフにするために改善できそうな点を複数、指摘してみてください。

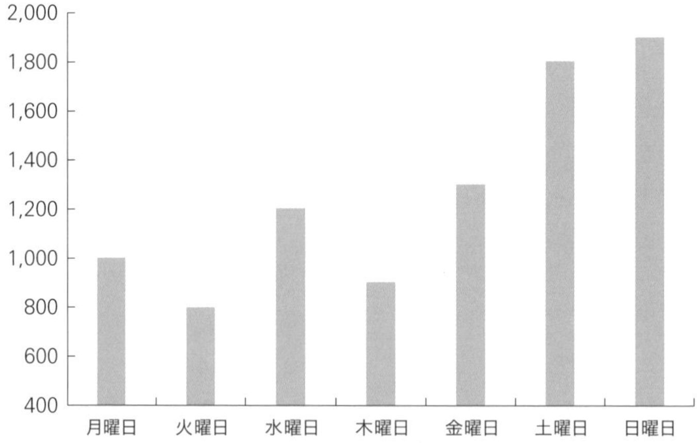

いくつもの改善点が考えられますが、例えば、以下の3点、工夫ができそ

うです。

1つめは、**グラフにタイトルをつけること**。何を表したグラフなのかがわかるようにすることが基本です。

2つめは、**単位を示すこと**。タイトルをつけることで単位が類推できる場合もありますが、例えば、売上になると（千円）なのか（百万円）なのかは数字だけでは判断できません。**グラフは、縦と横の軸が生命線です**。それぞれの軸が何を表しているのかがわかるようにすることが大切です。

3つめは、**軸の原点を0にすること**。項目の違いがわかりやすく捉えられるように、「0」ではない数字を採用することもありますが、そうすると部分がとりあげられるため、全体像がわからなくなります。基本は「0」を原点にすることを心がけましょう。

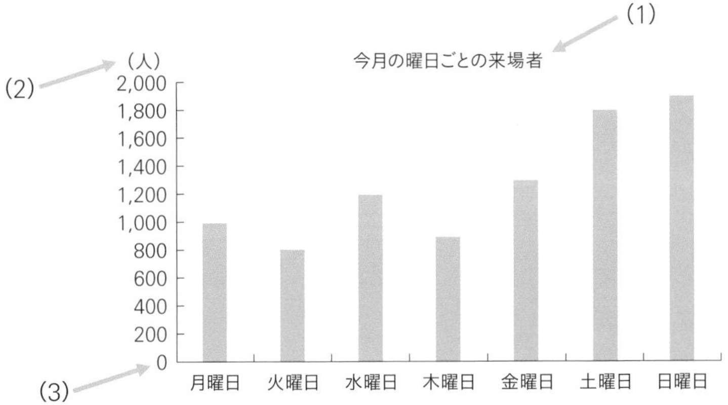

では、次に、月ごとの売上を示した2つのグラフ、AとBは、どちらの方が適切でしょうか。

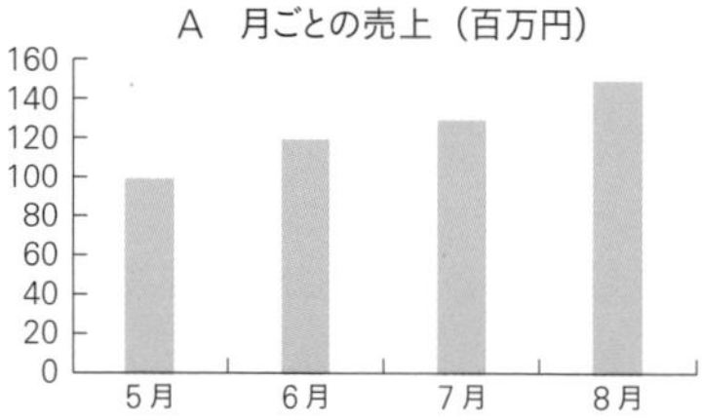

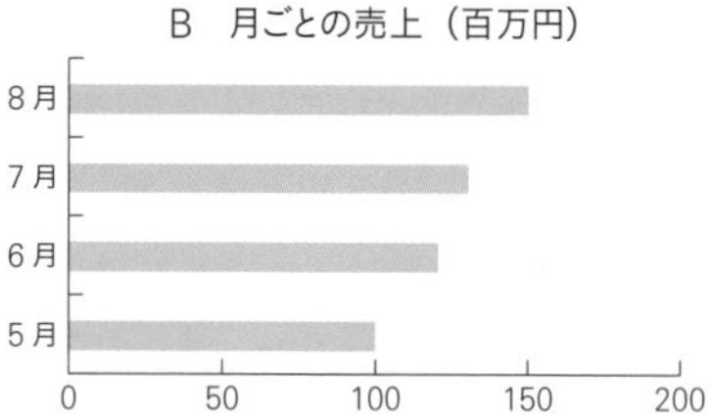

AとBの違いは、縦の棒グラフか横の棒グラフの違いです。慣例的に時系列のデータは、縦の棒グラフを使います。Bが間違いという訳ではありません。ただ、通常とは違う表現が違和感につながり、その結果、理解を損ねるのは残念なことです。特別な理由がない限り、慣例に沿ったグラフを採用しましょう。

では、商品ごとの売上を示した2つのグラフ、CとDは、どちらの方が適切か考えてみてください。

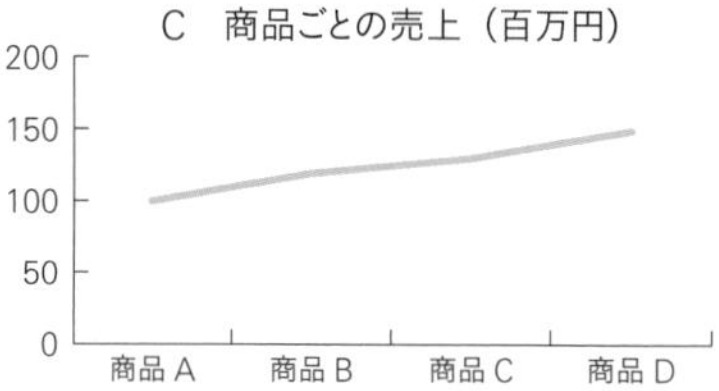

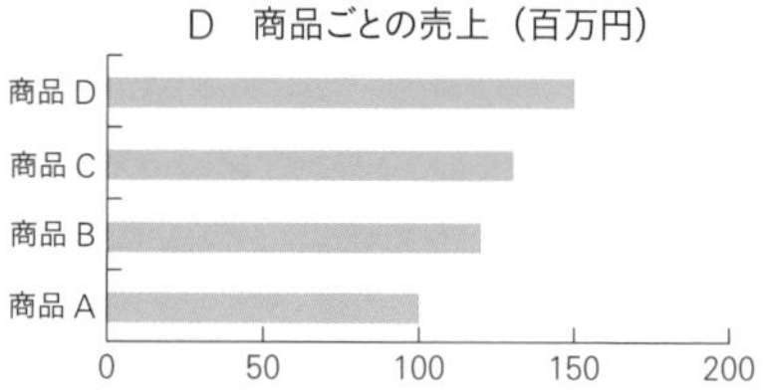

CとDの違いは、折れ線グラフか横の棒グラフの違いです。一般的に折れ線グラフは、X軸を時系列にして、「傾向や変化」をよりわかりやすく表現する際に使われます。商品A、B、C、Dについては、要素になるため、元来、要素間はつながらないものです。

間違いや禁止ということではありませんが、折れ線グラフを採用するとデータ自身に連続性を感じないものを連続性があるように表現することになってしまいます。要素は、Dのような横の棒グラフが推奨されています。

縦の棒グラフは、データが時系列の場合は、自然と採用されることになります。縦の棒グラフに偏りすぎないという観点でも、要素は積極的に横の棒グラフを採用するといいでしょう。

・データが時系列の場合は、縦の棒グラフ
・データが時系列で、かつ経緯や変化を表現したい場合は、折れ線グラフ
・要素の場合は、横の棒グラフ

以上のように、データによって、どのグラフが適切なのかが変わってきます。

何となくグラフにすればよいと考えるのではなく、扱っているデータは何か、そして、何を表現しようとしているのかということをしっかりと考えて、グラフを採択していくことが重要です。

POINT

① グラフ単体を適切な形にする
② 適切なグラフを選択する

① グラフ単体を適切な形にする

文字は、読み手が読まないと理解されませんが、グラフは、読み手の視覚に対して、自ら「発信」していくことができます。上手く使っていくことができれば、自分が表現したいことを相手に対してわかりやすくアピールできる武器になります。逆に何となくグラフを使用すると、そのよさが十分に発揮されません。次の基本を守り、グラフ単体を適切な形にしましょう。

・タイトルを明記する
・軸が何なのか単位を明記する
・原点を0にして、全体感が伝わるようにする

② 適切なグラフを選択する

単体を適切な形にすることができたとしても、適切なグラフが選択できなければ、グラフの効果は半減してしまいます。何となくグラフにするのではなく、

・データは時系列のデータなのか要素なのか
・データは連続性があるのか
・そのグラフを使って何を伝えたいのか

といったことを考え、適切なグラフを選択するようにしましょう。

演習問題

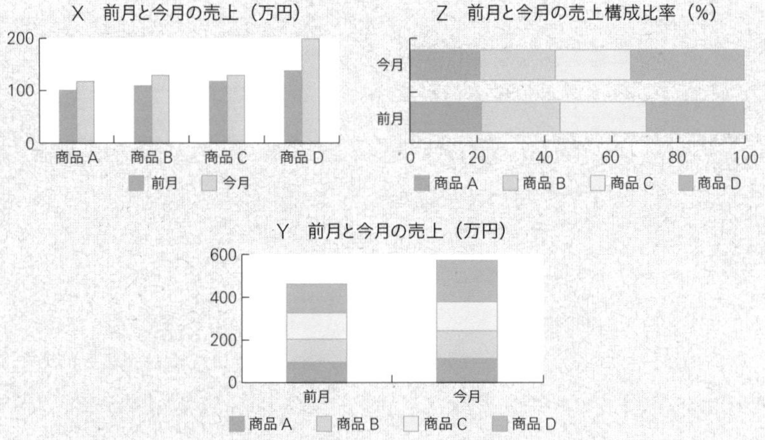

商品A～Dの前月と今月の売上を表した3つのグラフX～Zがあります。
・「すべての商品が、前月より今月増えている」
・「商品Dの売上構成比率が前月より今月、大きくなった」
ということを表現するには、それぞれどのグラフが適切ですか。

解答

「すべての商品が、前月より今月、増えている」ということが、見て一番わかりやすいのはXです。なぜなら、商品ごとに前月と今月の売上が並んで提示されているからです。

「商品Dの売上構成比率が前月より今月、大きくなった」ということが、見て一番わかりやすいのは、Zです。なぜなら、帯グラフの全体が比率になっているため、幅の変化がそのまま比率の変化と読み取ることができるからです。

他に、「前月に比べて今月の売上は増えている」ということを表現するのであれば、Yのグラフが適しています。商品AからDまでの合計の売上が、実数値で積算され、かつ視覚化されているのはYのグラフだけだからです。

このように、何を伝えたいかによっても、選択するグラフが変わってきます。**読み手に負担をかけることなく、一目見て理解してもらえるよう、自分の伝えたいこととグラフを合わせていくことが大切**です。

STEP UP!

ある会議の資料です。

メッセージ「売上の70%を占めるパッケージ部門の取引社数と売上は増えている」を読んだ上で、次のデータやグラフを見て気になる点を指摘してください。

売上の70%を占めるパッケージ製品部門の取引社数と売上は増えている

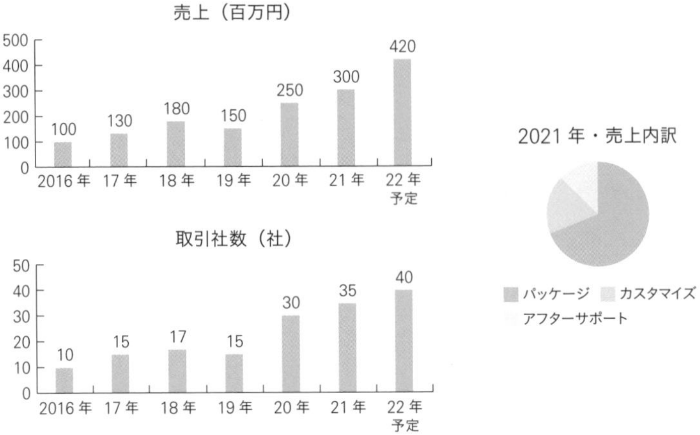

解答

ここでは、情報の順番という視点で考えていきましょう。読み手はメッセージに沿って、情報を探しにいくものです。また、通常、視線は、左から右、上から下へ動くものです。メッセージには、「売上の70%を占めるパッケージ部門」、「取引社数」、「売上」の順番で書かれていますが、グラフは情報が出てくる順番に配置されていません。

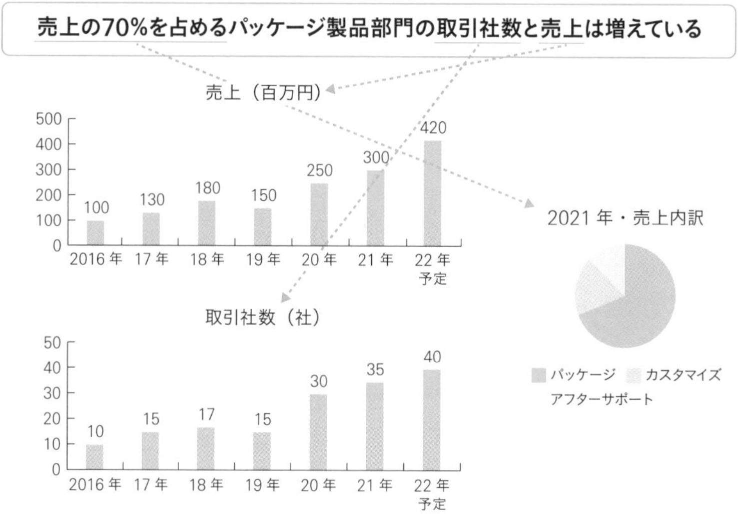

では次に、「売上の70%を占めるパッケージ製品部門の取引社数と売上は増えている」という「メッセージ」との整合という視点で考えていきましょう。

まず、「売上の70%を占める」と70という数値が提示されています。グラフを見る際には、この70という数字を探しにいくことが考えられますが今回のグラフには、その数値が示されていません。メッセージに示されている数字をきちんと反映させることが必要です。

次に、取引社数と売上が増えているというメッセージが出てきます。増えているということを視覚的に伝えたいのであれば、何をもって増えていると考えているのか、書き手の解釈がきちんと伝わるように矢印を加えるなど、補助的な効果を施すこともわかりやすく伝える工夫になります。

売上の70%を占めるパッケージ製品部門の取引社数と売上は増えている

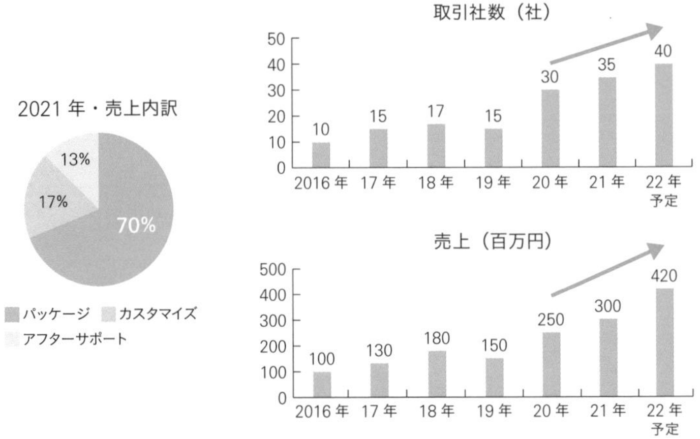

「順番」に気を配ればグラフは、伝えたいことをよりわかりやすく伝えてくれる武器になってくれます。読み手の理解を惑わせないために少し丁寧に「仕事」をしましょう。

まとめ

- グラフ単体を適切な形にする
- データによって適切なグラフを選択する
- 伝えたいことに合わせてグラフを選択する
- 情報の順番にも気をつかう
- 少し丁寧にグラフを使った仕事をする

LESSON 14

スライドに仕事をさせる

オンラインで投影するスライドは、リアルでプロジェクタを使って投影していたスライドと同じでよいのでしょうか。参加者は、みな等しく、画面を目の前にすることができます。そう考えると大きな空間での投影を前提としていたスライドと比べるとフォントは少し小さくすることが可能です。情報量を増やすことを考えてもよいでしょう。では、その他に工夫できることはないのでしょうか。

オンラインの会議で、以下のようなスライドが投影されて、「資料にもありますように、アイテム1～5について平均をとってみました。平均は、左から2列目にあります。ご覧いただくとBの平均が一番高いことがおわかりいただけるかと思います」といった説明を聞いていると想定してください。

（スライド1）

■評価の平均を算出する

店舗	評価の平均	アイテム1	アイテム2	アイテム3	アイテム4	アイテム5	アイテム6	アイテム7
A	3.4	4	3	3	3	4	4	3
B	4.2	5	4	3	4	5	—	—
C	2.2	2	2	1	1	5	—	4
D	2.8	4	2	2	3	3	3	—

アイテム１～５の平均を計算した結果、Ｂが一番高いことがわかった

では、次のスライドを見て、同じように話を聞いていると仮定して読み進めてみてください。

（スライド2）

■評価の平均を算出する

店舗	評価の平均	アイテム1	アイテム2	アイテム3	アイテム4	アイテム5	アイテム6	アイテム7
A	3.4	4	3	3	3	4	4	3
B	4.2	5	4	3	4	5	—	—
C	2.2	2	2	1	1	5	—	4
D	2.8	4	2	2	3	3	3	—

アイテム1～5の平均を計算した結果、Bが一番高いことがわかった

最初の説明の（スライド1）と後の説明の（スライド2）、何が違うのかを比較しながらみていきましょう。

まず、（スライド2）には、四角い囲みと矢印があります。これは、「アイテム1～5について平均をとってみました。平均は、左から2列目にあります」という説明の箇所で効果を発揮します。

（スライド1）であれば、アイテム1～5と言われると聞き手は、表の項目の中から、アイテム1～5がどこにあるのかを探さなければなりません。アイテムが書いてある行には、アイテム以外にも「店舗」と「評価の平均」の2つの項目が記されています。また、アイテムも1～5ではなく、1～7まで存在しています。聞き手は、それらの項目の中から、アイテム1～5がどこに該当するのかを探す必要があります。

（スライド2）の場合は、アイテム1～5と言われて、アイテム1～5がどこかを探そうとするタイミングで自然に四角い囲みが目に入ることになります。囲みの上に視線を移せば、アイテム1～5がそこに存在することも確認できます。

次に平均は左から2列目と言われると（スライド1）の場合は、左から2列目を探さなければなりません。さらに、その右にある数字との関係性がすぐには理解できません。(スライド2) の場合は、矢印がありますので、そこに視線を誘導することができます。また、四角い囲みがあるため、この四角の中の数字を計算した結果が2列目に書かれているということも想起させることができます。

そして、もう1つの違いが、下線の有無です。(スライド1) の場合は、「ご覧いただくとBの平均が一番高いことがわかりました」といった案内になってしまいます。(スライド2) の場合は、「ご覧いただくと下線のようにBの平均が一番高いことがわかりました」と「下線のように」と一言述べることができます。これによって、多数あるマス目の中から、どのマスを見ればよいのかを明らかにすることができます。

このように、聞き手に対して、スライドのどこに着目すればよいのかを記号などを用いて説明できるように工夫をしましょう。プロジェクタなどに投影している場合は、差し棒やポインタなどで、どこに着目すればよいのかを直接的に示しながら話をすることができます。

オンライン環境下であっても、マウスのポインタなどを利用することはできなくはないですが、「ポインタが動くこと」が集中力を低下させる要因にもなりかねません。そこで、スライドそのものに一工夫して、内容を伝えると共にどこに着目すればよいのか、視線の誘導ができるようにしてみましょう。

工夫をこらした箇所を中心に、「下線の箇所をご覧ください。4.2が、今回最大の値になっています。これは、四角で囲われたアイテム1～5の平均をとった数字なのですが、Bが一番大きくなりました」といった具合に、「下線の箇所」や「四角で囲った」という視線を誘導する印を発言の中に織り込みながら説明ができることが特長です。

POINT

❶ **言いたい箇所はどこなのかを明確にする**
❷ **視覚的にその箇所が特定できるように記号などを用いて工夫する**
❸ **記号で話ができるかチェックする**

❶ 言いたい箇所はどこなのかを明確にする

伝えたい箇所は何なのかをまず、しっかりと押さえましょう。

❷ 視覚的にその箇所が特定できるように記号などを用いて工夫する

文字の大きさを大きくする、下線を引くなど、文字そのものを目立たせることもできます。また、矢印を置くとか、四角や丸で囲むことで、注目させることも可能です。また、複数の領域を参照させたい場合は、四角で大きく囲むといったこともできます。

❸ 記号で話ができるかチェックする

「太字になっているところを見てください」、「下線の入っているところを見てください」と記号で伝えたい箇所を特定しながら話ができるかを最後にチェックしましょう。もし、記号だけで話ができないとすれば、まだ工夫の余地があるということになります。

書いてある内容（スライドの中に記載されている情報）をコメントすることでどこに着目してほしいのかを伝えることはもちろん可能です。ただし、重要な単語ほど、1つのスライドに複数記載されている可能性があり、1つに絞ることが難しいことがあります。

また、指定された単語を探すということと、内容を理解するということを同時に聞き手に求めることになってしまいます。記号を用いて、着目箇所を明確にし、スライドの中の単語を使いながら、内容を説明するようにしましょう。視線の誘導と内容の伝達を分けて行えるということに実は価値があるのです。

演習問題

以下のスライドと説明の内容を確認して、スライドにさらにどのような工夫ができるかを考えてみてください。

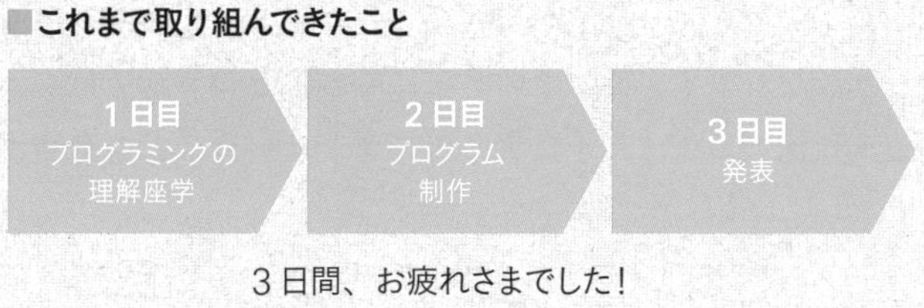

(説明)

皆さん、3日間、お疲れさまでした。座学で学び、プログラムを制作し、そして、発表しあった、3日間でした。いかがでしたでしょうか。大変だったとは思いますが、この3日間で得たものは、これからきっと役に立つことと思います。引き続き、継続して取り組んでみてください。

最後に、1つお伝えしたいことがあります。プログラムができますかと聞かれたら、できますというのはまだちょっと言い過ぎかもしれません。ただ、プログラムをやったことがありますかと聞かれたら、「はい」と自信を持って答えてもらって構いません。この「0」と「1」の違いはとっても大きいと思います。また、ご一緒できることを楽しみにしています。

解答

スライドを使いながら、説明をするという意味では、特に問題がないメッセージです。一方で、メッセージに対して、スライドの情報は十分かという視点で考えてみましょう。そう考えると、メッセージの後半にあたる「プログラムができますかと聞かれたら、できますというのはまだちょっと言い過ぎかもしれません。ただ、プログラムをやったことがありますかと聞かれたら、『はい』と自信を持って答えてもらって構いません。この『0』と『1』の違いはとっても大きいと思います」については、スライドにその記述がありません。

そう考えると、このメッセージは、聞き手がメモをとらない限り、残らないということになります。聞き手のメモに委ねるという形ではなく、伝えたいことが確実に伝わるように「文字に起こす」ということを意識するようにしましょう。

■これまで取り組んできたこと

プログラムができますかと聞かれたら、
「はい」とは言えないかもしれません

でも、プログラム、やったことがありますかと聞かれたら、
自信を持って「はい」と答えてください

この「0」と「1」の差は、とても大きいと思います

オンラインは、音声と画面（スライド）が、相手に伝えられる情報の中心となります。音声（口頭）で内容をしっかり伝えるというのはもちろんですが、スライドに工夫を施さない手はありません。幸い、プロジェクタの投影環境と比べると、より細かい文字まで伝達が可能です。積極的に文字にするということも意識していきましょう。

STEP UP!

以下のスライド、左から1枚目、2枚目……という形で、順番に提示されていくものと想定してください。

そして以下のような説明が続きます。

「本日は、今年度の様子について、説明していきます（1枚目）。では、早速、1つめです。『情報1』のようなことがありました（2枚目）。次、『情報2』のようなことがありました（3枚目）。……」

スライドごとに、そのスライドの内容を説明する特に問題のある説明ではありません。では、次のスライドはいかがでしょうか。

まず、1枚目の今年度の様子を見た際に、この後3つの情報が出てくることがイメージできます。次に、2枚目、情報1の説明を聞いている際には、残り2つがこの後、出てくることがわかります。

また、今の情報が、3つある中の最初の情報であるということも改めて認識することができます。情報2の説明を聞いている際も同様に、残りあと1つが説明されるということ、そして、今聞いている情報が全体の中では2番目の情報であるということがわかります。このように、内容だけでなく、今の情報が、前後のつながりの中で、また、全体の構成の中で、どのような位置づけにあるのかがわかるように伝えましょう。

スライド形式の資料は、1枚1枚の独立性と1枚の中でのメッセージのわかりやすさという点は非常に優れています。一方で、スライド間のつながりという情報が欠落しがちなフォーマットでもあります。また、独立性が高いがゆえに、今、どんな位置づけの情報を聞いているのかも認識しづらくなります。

今、見聞きしている情報は、前後とどのような関係性があるのか、そして、全体の中でどのような位置づけであるのかがわかる情報も盛り込んでいくことを心がけてください。

まとめ

- 視覚の誘導ができるよう工夫を盛り込む
- 視覚の誘導と内容の伝達を分ける
- 文字に起こすことも積極的に行う
- オンラインは音声と画面（視覚）が情報のほぼすべてである
- 情報の位置づけがわかる情報も盛り込む

LESSON 15

感情を乗せ、感情に寄り添う

「ロジックだけでは、人は動かないよね、やっぱり、想いが大事だよね」。よく聞かれるコメントです。
確かに、ロジックだけでは人は動きません。また、相手の想いに寄り添いながら話をすることも必要です。では、「想い」はどのように表現していけばよいのでしょうか。

(A)
これからプログラミングを学ぼうと考えているんだ。
なぜなら、これからの必須スキルになってきているから。

(B)
これからプログラミングを学ぼうと考えているんだ。
なぜなら、これからの必須スキルになってきているから。
お年寄りにも使って喜んでもらえるアプリを作りたいんだ。

前述の(A)と(B)2つの文の違いは、「お年寄りにも使って喜んでもらえるアプリを作りたいんだ」という一言があるかどうかです。どういう目的でプログラミングを学ぼうと考えているのかが加わっていると捉えることもできます。

ここでは、言いたいことに対して、論理性の観点からのメッセージか、感情の観点からのメッセージかという点で整理をしてみます。

まず、「プログラミングを学ぼうと考えているんだ」は、この人が今、取り組もうとしていることです。この会話を通じて伝えたいことと考えられます。

それに対して、(A) では、「なぜなら、必須スキルになってきているから」とその理由を説明しています。これは言い換えると、必要性が高まっているから学ぼうという意味で、論理的につながりがある内容です。

それに対して (B) で追加されている「お年寄りにも使って喜んでもらえるアプリを作りたいんだ」というのは、論理的な帰結というよりは、感情的に何がやりたいかの観点でのメッセージです。

論理性は聞き手の納得につながりますが、納得だけで人は動く訳ではありません。一方、感情は共感につながります。納得と共感を揃えることを意識していくようにしましょう。

(A)
これからプログラミングを学ぼうと考えているんだ。
なぜなら、これからの必須スキルになってきているから。(論理)

(B)
これからプログラミングを学ぼうと考えているんだ。
なぜなら、これからの必須スキルになってきているから。(論理)
お年寄りにも使って喜んでもらえるアプリを作りたいんだ。(感情)

POINT

❶ 言いたいことを明確にする
❷ 論理性の軸で ❶ の理由を明確にする
❸ 感情の軸でどのようなことを加えればよいかを考える

❶ 言いたいことを明確にする

何が言いたいのかをまず、明確にします。

❷ 論理性の軸で❶の理由を明確にする

言いたいことが明確になったら、なぜ、そう考えたのか、その論理的な理由をきちんと添えるようにしましょう。

❸ 感情の軸でどのようなことを加えればよいかを考える

最後に、言いたいことに対して、なぜ、そう考えたのか、その感情的な理由を考え、付け加えることができないかを考えてみましょう。

論理と感情の両輪で納得と共感を揃えよう!

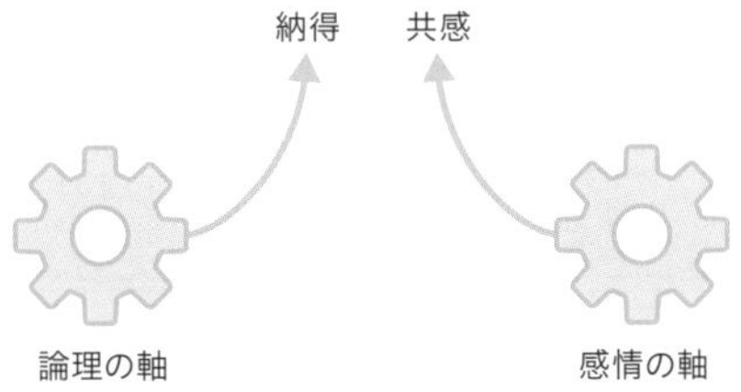

演習問題

では、先ほどの「プログラミングを学ぶ」を相手に対する提案として、相手に寄り添う形で表現してみましょう。

解答

❶ 言いたいことを明確にする

プログラミングを学ぼう！　が、言いたいことになります。

❷ 論理性の軸で❶の理由を明確にする

プログラミングを学んだ方がよい理由を考えます。先ほどと同様に、「これからの必須のスキルになってきているから」というのも1つの理由になります。ただ、今回のケースは、プログラミングを学ぶことを相手に提案するため、一般論だけではなく相手にとっての意味合いを考慮できるとよさそうです。

そこで、「これからの必須のスキルになってきているし、このスキルがあることで、今後の活躍の場が広がると思うから」と今後の可能性について言及するといったことができそうです。

❸ 感情の軸でどのようなことを加えればよいかを考える

先のケースは、自分で学ぼうという意思がある状況でしたので、想いを乗せるということができました。今回は、相手に対して提案を持ちかけるという状況になるため、想いに寄り添うというアプローチが必要になります。「プログラミングを学んだ方がいい」と持ちかけられたときに、相手がどんなことを感情的に反応しそうかを考え、それに応えるようなメッセージを加えてみましょう。

例えば、「自分ができるのだろうか」といった不安を覚える可能性があります。そこで、「プログラミングもいわば1つの言語。1つひとつ積み上げていけば話せるようになるので、初心者でも大丈夫！」といったことが言えそうです。

ここまで考えてきたことをつなげると、次のような提案ができそうです。

「プログラミング、学んでみたらよいのではと思うんだよね。これからの必須のスキルになってきているし、きっとこの先の活躍の場が、広がると思うから。初めてかもしれないけど、プログラミングもいわば1つの言語。1つひとつ積み上げていけば話せるようになるので、初心者でも大丈夫だから」

ポイントは、論理の軸で、相手にとっての意味合いを考慮して、コメントが追加されていること。そして、相手が感情的に反応しそうな内容を先回りしてメッセージに盛り込んでいる点です。反応を正確に予想するということよりも、想定した反応に先回りしてメッセージをするというプロセスが大事です。

なぜならば、それは相手のことを想って事前に準備をしてきたということの証左であり、「自分（相手）がどのように考えるかを事前にイメージを持って考え、それに応えようとしてくれた」ということを相手に伝えることができるからです。

ここまでに考えてきたことをまとめておきます。

ロジックをつくること＝言いたいこと＋論理的な理由

これはみんな意識しますが、感情的な要素はそこまで意識されていないのも事実です。また、ロジックだけでは人は動かないのも事実です。したがって、感情的な要素を盛り込むことができないかということを常に意識するようにしましょう。

自分の考えを伝える＝言いたいこと＋論理的な理由＋感情（想い）

相手に対して提案をする＝言いたいこと＋論理的な理由＋寄り添い（相手にとっての意味合い＋反応への先回り）

一方で、寄り添ったつもりであっても、それが、独りよがりな意見の押し付けになっていないかという視点は常に持っておきましょう。「人」の「為」と書いて、「偽り」になるように、寄り添ったつもりで、その行為自体に満足してしまうと本末転倒です。100％理解できることはないということをわかった上で、寄り添おうとする姿勢が大切です。

STEP UP!

最後に、寄り添いの観点から留意しておいた方がよい点を整理しておきます。

・本題に入るタイミングを考える

相手の受け止める許容度ということを考えて、結論から話をするのか、結論を最後に持ってくるのかを考えましょう。ポジティブなメッセージの場合は、最初から伝えるということも、サプライズ的に最後に残しておくことも両方可能です。

ネガティブなメッセージの場合は、最初から伝えることは、受け止める許容度という観点からは避けた方がよいかもしれません。状況の整理や背景情報などを少し丁寧に共有した上で、メッセージを伝える方がよい場合が多いでしょう。

ただ、何の話かわからない不安を抱き続ける時間を長くしないように、最初に言ってしまう方がいいという判断もあります。きちんと考えて選択をしていきましょう。

・プロセスをつくる

決定事項を伝えるとしても、決定事項がすぐに受け止められるとは限りません。そこで、事前の打診ということが可能であるならば、一度話をして、その上で、本題を伝えるといったプロセスをつくることも大切です。

もしくは、本題を伝えた上で、少し咀嚼する時間を設け、改めて場を設けるといった形もあり得ます。一度ですべての決着をつけるのではなく、時間を味方にしながら伝えるということも大切です。

・2つの方向を意識する

寄り添いの方向には、マイナスの排除とプラスの付与、大きく2つの方向があります。例えば、不安を払拭することはマイナスの排除であり、期待感の醸成はプラスの付与になります。どちらの方向で寄り添うとよいのかを考えることが必要です。

もちろん、どちらかしか選択できないということではありませんので、2つの方向の両方で寄り添えないかということも同時に考えていくようにしましょう。

まとめ

- 感情の要素を加える
- 相手にとっての意味合いを乗せる
- 相手の反応に先回りをする
- 先回りをしようとしたその意思がメッセージになる
- 寄り添ったつもりの自己満足は注意する

LESSON 16

想いを伝えるために一手間をかける

資料を作るということは、伝えたい内容があるということです。伝えたい内容を相手に本当に伝えたいという気持ちがあるのなら、もうちょっとだけ努力をしてみましょう。資料を作るという作業モードになってしまうことは残念です。では、伝えたい気持ちを伝えるためにどんな工夫ができるのでしょうか。

参加者から多くの感謝の声をいただいています。

準備にご協力いただき感謝します！

このスライドで言いたいことは、明確です。ただ、これでは、言葉で伝えたいことをただ文字にしているだけにすぎません。そこで、多くの感謝の声をいただいていますということを伝えるのであれば、具体的にどのくらい「多いのか」を伝えるべく、50件と具体的な件数を入れてみました。

参加者から多くの感謝の声をいただいています。
（50件）
準備にご協力いただき感謝します！

件数が具体的に入ったというよさはありますが、50件が多いのか少ないのかがわかりません。そこで、例えば、前回の数字を引き合いに出し、表現することができます。

参加者から多くの感謝の声をいただいています。
（前回30件　→　50件）
準備にご協力いただき感謝します！

具体的な数字も入り、数字の意味も、前回と今回の件数を比較することでわかるようになりました。ただ、このままだとスライドとして、視覚的に訴えられるにもかかわらずその利点が使われていません。そこで、件数をグラフにして表示することにします。

参加者から多くの感謝の声をいただいています。
準備にご協力いただき感謝します！

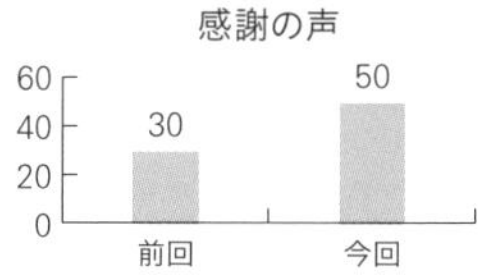

さらに、具体的にどんな感謝の声があったのか、実際の生の声を抜粋して併記することもできそうです。

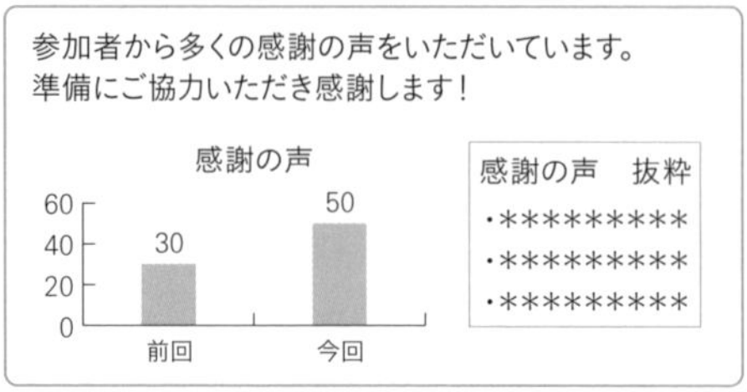

さて、ここで、最初のスライドと最後のスライドを見くらべてみましょう。

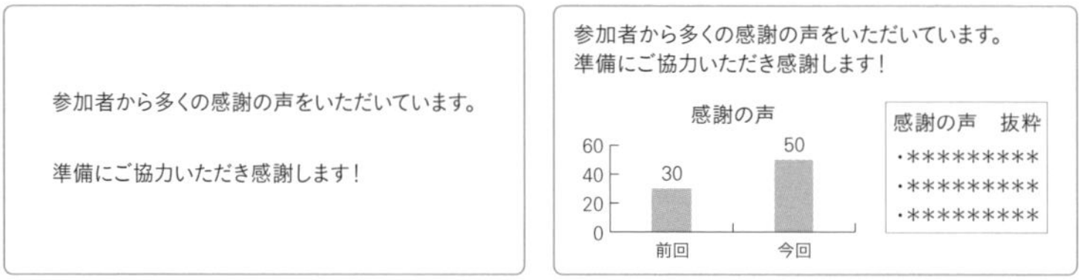

違いは、グラフが入ったこととコメントの抜粋が入ったことの2点です。

では、ここから、右のスライドを作成するために、どんな労力が必要になるかということを振り返ってみます。

まずグラフを作成するためには、今回の感謝の声が何件だったかを押さえる必要があります。また、前回の様子がどうだったかを確認する必要があります。前回の結果に関する情報はひょっとすると手元にはないかもしれません。

次に、感謝の声の抜粋について考えます。感謝の声を抜粋しようとすると、感謝の声そのものを読む必要があります。また、適当に1つ2つを選ぶ場合は別ですが、よりよいものを選ぼうとすると、全部に目を通して、その上でどれがいいかを選択し、さらにスライドに載せるために転記をするということが必要となってきます。

右のスライドを作るために必要なことは、今年の数字の収集、前回の数字の収集、グラフの作成、グラフの転記、今年度の感謝の声に目を通す、どれにするか選択をする、選んだものを転記する、です。

左のスライドは、スライドを作成するために特に準備は必要ありません。伝えたいことを文字にするだけで作成が可能です。右のスライドを作成しようとすると、それなりに労力がかかります。ただ、労力をかけることによって、具体的に感謝の声が増えたという事実を伝えることができます。また、実際にどのような声が届いているのかを伝えることもできます。そう考えると、この労力をかけるかどうかは、**その労力をかけてまで、伝えたいことを伝えたいかというその程度にかかっているということになります。**

労力をかけなくても「感謝の声が多く届いている」ということだけを言葉として伝えることはできます。あえて労力をかける必要もありません。ただ、「実際に」感謝の声が多く届いているということを伝えたいという思いがあるのであれば、必然とその労力は苦にはならないと考えられます。**本当に伝えたい想いがあるのであれば、労力をかけて、その伝えたいことが最大限に伝わる努力をしましょう。**

そして、もう1つ大切なことは、**その労力は、メッセージだけでなく、プロセスとして伝わるということです。**つまり、そのグラフや生の声を届けるために労力をかけて伝えようとしてくれたということが、相手に伝わるということです。特に、そういった裏側の工夫を普段から心がけている人にこそ、よく伝わります。

［本当に伝えたいのであれば、頑張って右を作ろう］

参加者から多くの感謝の声をいただいています。

準備にご協力いただき感謝します！

（手ぶらで話ができる）

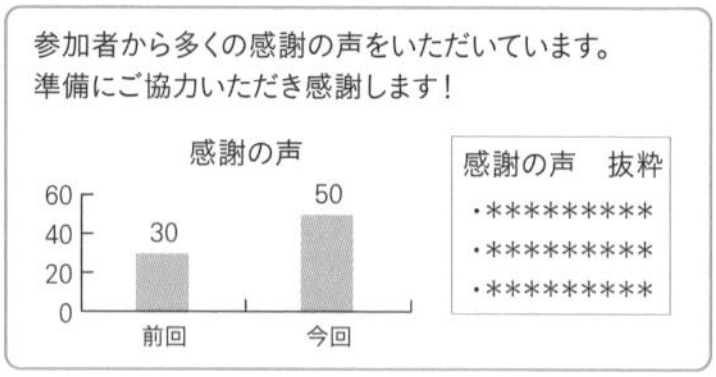

必要なモノ／コト
- 今年の数字
- 前回の数字
- グラフの作成
- グラフの転記
- 今年度の感謝の声に目を通す
- どれにするか選択をする
- 選んだものを転記する

伝えたいことを伝えるためのちょっとした労力を惜しまずにかけられるようにしていきましょう。

POINT

❶ 伝えたいことは何かを明確にする
❷ どう伝えれば、伝えたいことが伝わるかを一生懸命考え、形にする

❶ 伝えたいことは何かを明確にする

今回の例では、感謝の声が多く届いている、ということになります。

❷ どう伝えれば、伝えたいことが伝わるかを一生懸命考え、形にする

伝えたいことを伝えるためには、以下の方法があります。

・数字を探す

・比較する数字を探す

・グラフにする

・具体的な情報にあたる
・見せ方を工夫する

先の例で示したもの以外では、参加者に対して、何割ぐらいの人が実際に感謝の声をあげてくれているか、その割合を具体的に示すこともできるでしょう。また、状況にもよりますが、継続的に感謝の声が続いているのであれば、時系列で表現するといったこともできるかもしれません。このように「多い」ということ1つを伝えるだけでもいろいろな工夫が可能です。

どうすれば伝えたいことをより具体的に伝えられるか、いろいろ考えてみましょう。

演習問題

伝えたいことをより視覚的にイメージし、印象に残すために図（アイコン）を理解促進のために付記することを考えてみます。
「今日のまとめ」として、ここを持ち返ってほしいということを伝えるためには、AとB、どちらの表現の方がよいでしょうか。

A　今日のまとめ

・おかしいという感覚を大切にする
・事実（データ）にあたる
・意味のある解釈をする（最重要）

B　今日のまとめ

・おかしいという感覚を大切にする
・事実（データ）にあたる
・意味のある解釈をする（最重要）

また、「繰り返すことが重要だ」ということを印象づけるためには、CとD、どちらの表現の方がよいでしょうか。

C　繰り返すことが重要です

1　仮説を立てる
2　検証をする
3　事実がわかる

D　繰り返すことが重要です

1　仮説を立てる
2　検証をする
3　事実がわかる

解答

Aにはチェックが入っているので、ここが大事なポイントであるということが伝わってきます。一方、Bはノートになっているので、ここをメモして持ち返ってほしいというメッセージに読みとれます。伝えたいことを直接的に表現した図を採用することが大切です。

次にCとDについては、いずれも、繰り返すということを意味したアイコンになります。メッセージに対してはどちらも整合がとれています。では、繰り返す中身について、1、2、3に書かれている内容に踏み込んだときにどのような関係性になっているかを考えてみましょう。

1、2、3の関係性を考えた場合、繰り返しの順番は、1→2→3→1と考えられます。一方で、Cの場合は、1→2→3→2の印象を与えてしまいます。内容に踏み込んだ際に、伝えようとしているメッセージにより合っているのは、Dと言えそうです。中身との整合性までも併せて考えるようにしましょう。せっかくつけた図が、間違った方向のメッセージにつながることは避けたいものです。

今回の図も、必須の内容ではありません。なくても伝えたいことは伝わります。ただ、図を付記することで、**文の内容とは別に、図が「この情報をどのように捉えればよいのか」ということを視覚的に伝えてくれます**。受け手にとっての一手間は、マイナスにはなりません。思いを伝える1つの手段として理解しておきましょう。

STEP UP!

最後にグラフの工夫について、考えます。

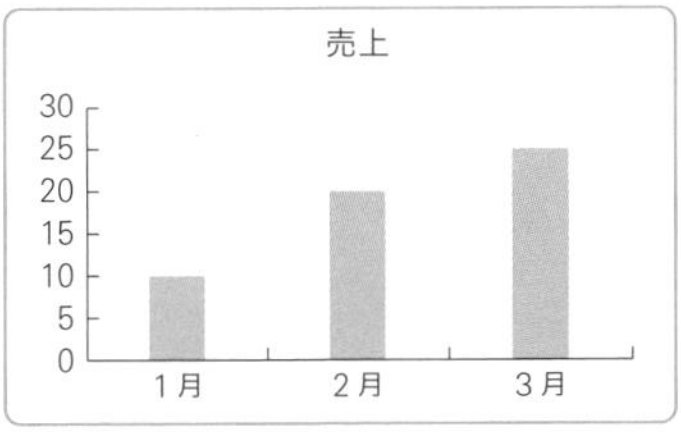

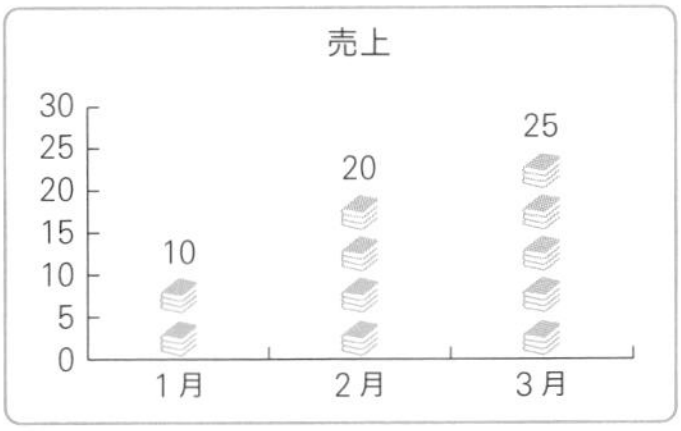

売上が伸びていることを伝えるだけであれば、左で十分です。また、正式な資料においては、むしろ左のグラフであるべきかもしれません。一方で一手間が必要なのは、右の図です。こうすることによって、対象が何かということも図からわかります。また、受け手に対して、柔らかい印象を与えるのも事実です。部内のミーティングや外部へのイベントなど、少し楽な感じで臨むことができる場であれば、右のような工夫をしてみることもよいでしょう。見た目の印象の違いとは別に、一手間かけて伝えようとしているその準備と意図が伝わることも重要です。

伝えたいことがあるのであれば、伝えたいことがきちんと伝わるようにちょっと労力をかけてみましょう。その労力が想いとしてきっと相手に伝わります。

まとめ

- **伝えるために一手間をかける**
- **その一手間は伝えたい気持ちに比例する**
- **その一手間はやったことがある人に対してより伝わる**
- **なくても困らないモノにちょっと手を入れられるかを考える**
- **資料を通じて見える一手間がわかる人になる**

CHAPTER 4　ESSENCE

13 文字は読まないとわからない。グラフは、目に語ってくれる、心強い存在。味方につけない手はありません！

14 オンラインは目の前にスライドを提示できる新たな形態。積極的にスライドに仕事を施そう

15 ロジックだけでは伝わらない。温度感を乗せるためにも想いを表現しよう

16 一手間をかけて伝える努力をしてみよう。その一手間が想いとなって相手に届きます

CHAPTER 5

工夫して伝える（発展編）

伝える機会がもらえるのであれば、できる限り印象に残る形で伝わってほしいものです。そのためには、ちょっとした工夫が必要になります。伝えようとしている全体像がわかっているからこそできることはないか、普通の表現とは少し変化をつけられないかといったことを試みます。また、内容を言葉や文字で説明をするということ以外にも「体験」や「問い」を通じて伝えるということが可能です。この章では、伝えることの発展形としてどのような工夫ができるのかを学びます。

LESSON 17 立体的に話す

話す内容の全体を設計することができるのは、話し手です。では、全体を設計する上で、何が重要でしょうか。1つは、「立体感」をもたすことができるかどうかです。次から次へと綺麗につながることも重要ですが、最初の話が後でつながるといった体験も聞き手に深い印象を与えます。後の話とつながるように布石はどのように打っていけばよいのでしょうか。

「今日は、オンラインのセミナーにお越しいただきありがとうございます。本日、スピーカーを務めさせていただきます○○です。よろしくお願いします。

早速ですが、皆さんにお願いが1つあります。今日はオンラインのセミナーなので、オンラインの利点を活かしてチャットを自由に活用していただければと思います。

私から皆さんへ問いかけをさせていただいた際はもちろんですが、問いかけがなくても、自由にチャットを打っていただいて構いません。誰かが話をしている間に感想やつぶやきを共有しながら参加できるというのはオンラインのメリットなので、ぜひ、積極的に使ってみてください」

オンラインのセミナーを開催する際の冒頭の挨拶の例です。チャットはオンラインでこそ使えるツールですので、極力使っていこうというメッセージは理に適っています。

では、次のような展開はどうでしょうか。

「今日は、オンラインのセミナーにお越しいただきありがとうございます。本日、スピーカーを務めさせていただきます◯◯です。よろしくお願いします。

さて、早速ですが、「148」、何の数字だと思いますか。グラフにすると、このような形になります。

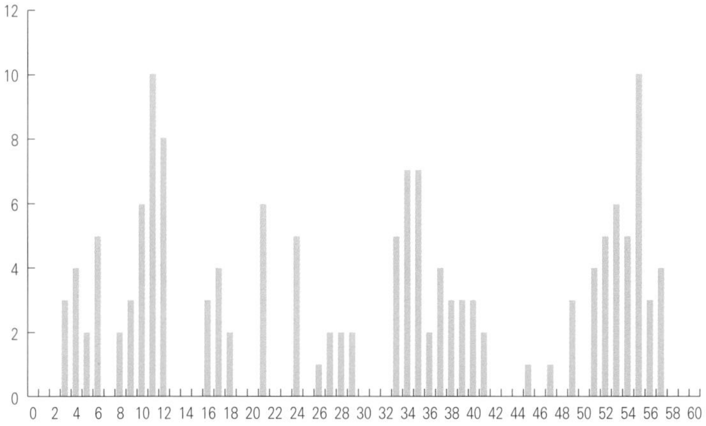

横軸、右端が60になっていますが、60は何の数字でしょう。単位は分です。

実はこのグラフ、他のオンラインのセミナーで参加者の皆さんに打ってもらったチャットの数になります。148はコメントの合計です。1分間に多いときは10件のコメントがあることになります。また、絶え間なくチャットが続いていることがおわかりいただけるかと思います。

今日はオンラインのセミナーなので、オンラインの利点を活かしてチャットを自由に活用していただければと思います。

私から皆さんへ問いかけをさせていただいた際はもちろんですが、問いかけがなくても、自由にチャットを打っていただいて構いません。誰かが話をしている間に感想やつぶやきを共有しながら参加できるというのはオンラインのメリットなので、ぜひ、積極的に使ってみてください」

紹介した2つの案内の違いは、言いたいことをストレートに伝えているか、言いたいことにつながる布石を置いているかです。

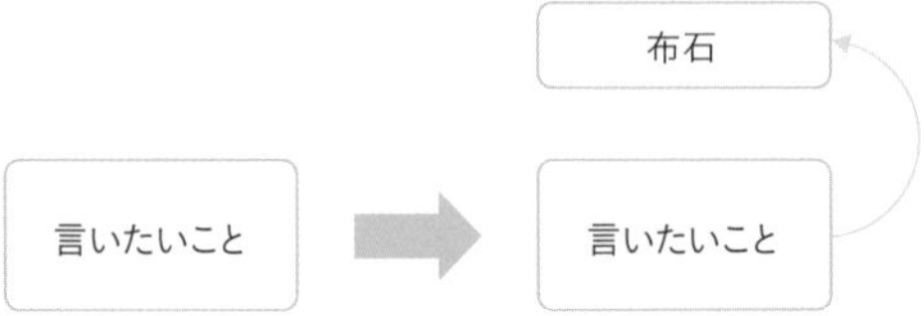

冒頭の挨拶の中で、参加者に伝えたいことは、チャットを自由に使ってほしいということ。前者はそれをストレートに伝えています。後者は、チャットを自由に使った過去の事例を数値とグラフで示し、関心を持たせた上で、チャットを自由に使ってほしいと本来伝えたかったことにつなげています。

このように、伝えたいメッセージをそのまま伝える前に、メッセージにつながる布石を置き、その上で伝えていく、そんな工夫もできるようにしてい

きましょう。布石を置くことで、後から出てくるメッセージを印象づけることができます。やらなくても成り立つことではありますが、一手間かけて、興味を持ってもらえるための仕掛けを組み込むようにしてみましょう。

POINT

❶ 言いたいことは何かを明確にする
❷ 言いたいことにつながる布石が置けないかと考える

❶ 言いたいことは何かを明確にする

チャットを自由に活用してくださいというのが、ここで言いたいことです。

❷ 言いたいことにつながる布石が置けないかと考える

布石をどのように置くのかは、言いたいことによっても変わります。今回の事例では、関連する数字を示す、グラフで情報を提示するといった手法をとりました。

この他、「チャットを使う」という点にフォーカスして布石を置くことも可能です。例えば、「今回はオンラインのセミナーですので、オンラインの特徴を活かした進め方にしたいと思います。では、オンラインだからこそできることは何でしょうか」といった形で問いかけてみるということも布石になります。

言いたいことに関連するクイズが何か作れないかという感覚で考えると面白い発想につながります。一方的に説明するのではなく、ちょっと考えてもらうというプロセスを挟むだけで、印象への残り方が変わりますので、いろいろと工夫してみましょう。

演習問題

最近増えてきたオンラインのセミナー。全国各地から参加が可能になっています。途中でオンライン上でのグループワークも設けて、交流をしてもらえるように考えています。そこで、考えた進行は以下のようなものです。

「皆さま、今日は、お集まりいただきまして、ありがとうございます。50名ほどの皆さんに、全国から参加をいただいています。画面越しで結構ですので、北海道からという方、手をあげていただけますか。では、東日本の方、西日本の方、四国の方、九州・沖縄の方、ありがとうございます。ご覧いただいたように、全国各地から参加いただいています。今日は、オンライン上のグループワークも設けて、皆さん同士で意見交換をしていただく機会も持ちたいと考えています。どうぞよろしくお願いします」

布石を置くことはできないか、考えてみましょう。

解答

❶ 言いたいことは何かを明確にする

今回の場合は、「全国各地から参加してくれているということを伝えたい」です。先の例では、全国から参加しているという事実を画面越しに挙手をしてもらうことで明らかにしています。

❷ 言いたいことにつながる布石が置けないかと考える

「全国各地から参加している」ということについて、布石が置けないかと考えます。

事前の申し込みに、居住地の情報があるという前提が必要になりますが、仮に事前にどこからの参加かがわかっているとすれば、次のような工夫ができます。

例えば、地域別に何人の参加者がいるかを事前に地図上に示し、それを最初に見てもらうということができます。

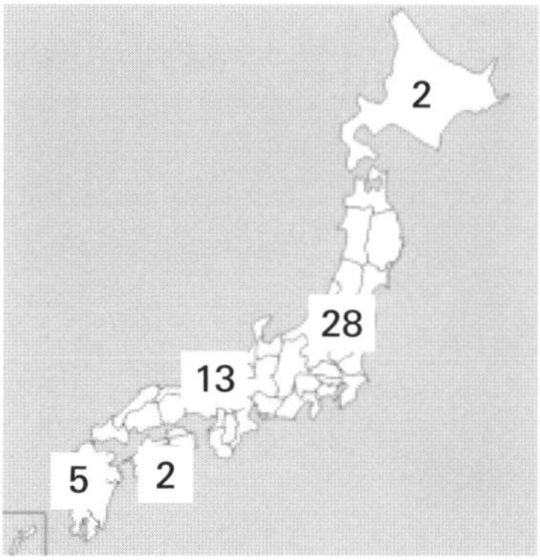

「皆さま、今日は、お集りいただきまして、ありがとうございます。

早速ですが、こちらを見てください。これ、何だと思いますか。ちょっと考えてみていただけますか。何かの数字ですね。ヒントは、この数字を足していただくといいかもしれません。50になりますよね。50という数字、いかがでしょうか。ちょうどここに来ていただいている皆さんが50名ですよね。

はい、これ、実は、皆さんが今日どこから参加されているのかを地図上に示したものです。ご覧いただいたように、全国各地から参加いただいています。今日は、オンライン上のグループワークも設けて、皆さん同士で意見交換をしていただく機会も持ちたいと考えていますので、どうぞよろしくお願いします」

最初の例が左図、後の例が右図になります。最初の説明では、全国から50名参加しているという情報が出てくることになるため、それをそのまま受け止めて次に進むことになります。

後者の説明の場合は、全国から50名参加しているという情報にいきつくまでに、自分の頭で考えるというプロセスが組み込まれています。事前に考えるということを行っているため、全国から50名参加しているという情報に触れたときの印象はより強くなります。

最初の進行は、事前の準備もそこまで時間はかからないでしょう。その場で挙手を求めれば済みます。一方、後者のような流れにするためには、布石を置くための設計とそれを伝えるための資料などが必要になります。

このようにちょっとしたサプライズが演出できないかと考えることは、他ならぬ受け手に対しての努力になります。どうすれば、興味を持ってもらえるか、印象に残してもらえるかという受け手を想っての一工夫です。布石を置くことはできないかという発想も持つようにしていきましょう。

STEP UP!

最後に、発展形として、伏線を張るということを紹介します。

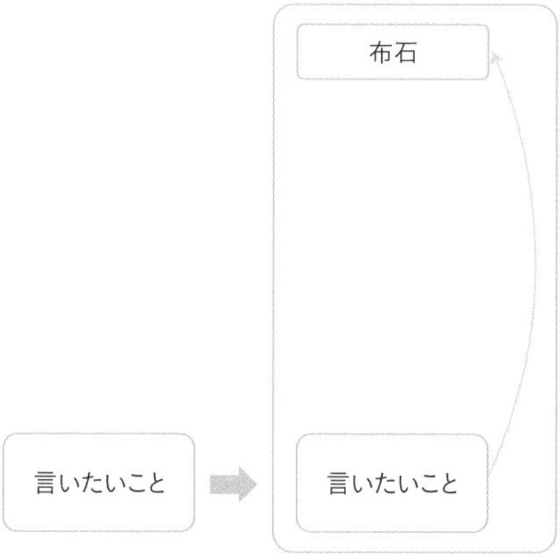

伏線を張るとは、上図のように布石と言いたいことの配置が離れているということです。具体的には、後半の言いたいことにつながる布石を直前ではなく少し前にさりげなく伝えておくということです。最初に提示されたタイミングでは、それが後につながるとは聞き手はわかりません。何気なく聞いていた情報が、少し時間が経過したのちに、後に出てきた情報とつながると印象に残るということです。

伏線を上手く使ったメッセージを作ることは、言いたいことにすぐつながる布石を置くことよりも少し難易度があがります。すぐつながる場合には、いわゆる回収がすぐにできるため、布石自体に多少の唐突感などがあっても、許容されます。

一方、伏線となると、まず、最初に伝えたタイミングでは、違和感なく受け止められる内容であるということと、それが流れの中でも自然であるということが求められます。その条件を満たした上で、後から出てくる言いたいことと関連を持たせられる必要があります。これらの要件を満たすように布石を置くことは簡単ではありません。

ただ、伏線を張ることができるのは、最後に何を伝えようとしているかがわかっている人にしかできないことです。話し手だけができる行為ですので、布石を打って、展開を大きく使って、伏線を回収するといった流れが作れないかということも考えてみましょう。

まとめ

- 言いたいことの導入が作れないかと考えてみる
- 印象に残るようにクイズ化できないか考えてみる
- 数字やグラフを１つの手法として用いる
- 伏線を張るという大きな展開も考える
- 全体がわかっている話し手だけができる工夫をする

LESSON 18

変化をつける

印象深い言葉は、後になっても記憶に残りやすいものです。また、話が上手い人の発言の中には思わずメモをとりたくなるようなフレーズが入っています。同じことを伝えるのであれば、できる限り印象に残る形で持ち帰ってもらいたいものです。どのような言葉を使えば、聞き手により印象に残るように伝えることができるのでしょうか。

次の2つの文章を読んでみてください。

(ケースA)

文章を読んで「どこかおかしいな」と感じても、それが「どうおかしいのか」がわからないと、修正することができません。また、他者に対して、アドバイスをすることもできません。「どこがおかしいのか」ではなく、「どうおかしいのか」がしっかりと理解できるようになりましょう。

(ケースB)

文章を読んで「どこかおかしいな」と感じても、それが「どうおかしいのか」がわからないと、修正することができません。また、他者に対して、アドバイスをすることもできません。ただ、「どこかおかしいな」と感じることが実は重要です。おかしさに気づかなければ、何も始まらないからです。そして、「どこかおかしい」と感じる、その感覚は、大抵、合っています。たとえ、「どうおかしいのか」がわからなくても、「どこかおかしい」というその感覚を大切にしてください。その上で、「どこがおかしいのか」だけではなく、「どうおかしいのか」もしっかりと理解できるようになりましょう。

（ケースA）と（ケースB）を意外性という視点で比較をしてみます。

冒頭の内容は、（ケースA）、（ケースB）とも同じです。以下のように書かれています。

文章を読んで「どこかおかしいな」と感じても、それが「どうおかしいのか」がわからないと、修正することができません。また、他者に対して、アドバイスをすることもできません。

さて、ここまでを読んだときに、後にどのような内容が続くと想定するでしょうか。

書いてあることは、「どこかおかしいな」と感じるだけでは不十分で、「どうおかしいのか」がわからないと次のアクションにつなげることができないということです。「どこかおかしいな」と「どうおかしいのか」の2つの事象を比較すると、後者の「どうおかしいのか」の方が重要であるということが述べられています。したがって、「どうおかしいのか」ということがわかることが重要だといったメッセージが続くのだろうと予測できます。

続きを確認してみましょう。
（ケースA）は、予想に沿う形で、「『どこがおかしいのか』ではなく、『どうおかしいのか』がしっかりと理解できるようになりましょう」と「どうおかしいのか」が重要であるというメッセージになっています。

（ケースB）は、予想に反する形で「ただ、『どこかおかしい』と感じることが実は重要です」と「どこかおかしい」と感じることが重要であるというメッセージが出てきます。

予想されるメッセージが続かないという意味で、（ケースB）の方が意外性のあるメッセージということになります。

POINT

❶ **言いたいことを表現してみる**
❷ **順接的なメッセージではなく変化をつける**

❶ 言いたいことを表現してみる

まずは言いたいことを表現してみましょう。

❷ 順接的なメッセージではなく変化をつける

次に何が出てくるかが予想できてしまう、順接的なメッセージは、あまり印象に残りません。例えば、「Aが大事。だからAをしよう」というメッセージは、「Aが大事」というメッセージを受け取った際に、予想される結論と違いがありません。そういった意味では、「Aをしよう」と伝えることは、相手にとっては、「やはりそうか」と確認にはつながりますが、意外性は何もなく、予想された通りの話がされているという認識につながります。

そこで、変化をつけられないかを考えてみましょう。

例えば、
「Aが大事」と伝えた後に、「Aをしよう」ではなく、「A′をしよう」
「Aが大事」と伝えた後に、「でも、Aに拘りすぎないことも大事」

といった具合に、予想する流れとは少し異なるメッセージをつなげることができないかと考えることが1つの方法です。

変化をつけるための工夫は、他にもあります。どう工夫するかは、その時々で考える必要はあります。ただ、変化をつける出発点として、伝えたいことを伝えつつ、普通に伝えるだけではちょっとおもしろくないな、何か変化をつけられないかと考えてみる癖をつけていきましょう。

演習問題

「戦略とは何をやるかを決めること」を工夫して、変化をつけられないか考えてみてください。

解答

❶ 言いたいことを表現してみる

「戦略とは何をやるかを決めること」です。

❷ 順接的なメッセージではなく変化をつける

❶のままでは、受け手にとって、それほど目新しさはありません。そこで、ここでは、裏側に注意が向くように表現してみることで、意外性を演出します。ここで言う裏側とは、「やる」の反対なのでつまり「やらない」を指します。

文章にすると、「戦略とは、やらないことを決めることだ」となります。通常は、どれを実施するかを選ぶという行為に主軸が置かれることになります。

選択の裏側には排除という行為が同時に起こっています。したがって、通常意識する選択ではなく、逆の排除に焦点をあてるということです。

あれもこれも……と、必要に迫られてやった方がいいことは、増えていく傾向にあります。やらないことを決めるということこそ、まさに現場で求められていることでもありますので、メッセージそのものとして、説得力があるものになります。

同様に、以下の文章を裏側に注目して、表現し直してみましょう。

「イノベーションとは、今にない、新しいものを創ること」

「今にない」の裏を「未来にある」と表現してみます。「新しいもの」は、未来においては、「普通のもの」になっている可能性があります。そうすると、

「イノベーションとは、未来にある普通のものを創ること」と表現し直すことができます。

「今にない、新しいモノ」というと、何か新しいものを無理やりに作り出さなければならないといったそんな印象につながります。逆に、「未来にある普通のモノ」と捉えると、例えば、3年後、5年後の世の中で自然にみんなが使っているものって何だろうとイメージすることで、捉え方が変わるのではないでしょうか。

通常の見方とはちょっと異なった裏側の視点でスポットライトを当ててみることで変化をつけることができます。

STEP UP!

最後に、言葉に変化をつけるという方法を紹介します。

「論理思考は、相手をやり込めるために使うものではありません。相手が前向きな気持ちになるとは限らないからです。むしろ、相手のことを理解するために使っていきましょう。また、難しいことを難しく伝えることでもありません。相手が理解できるように、難しいことをできる限りやさしく伝えていくために使っていきましょう。論理思考は、易しく、そして、優しく使う！ことを心がけてください」

論理思考は、他人を攻撃するためのものではない、また、難しいことを難しく伝えることでもない、メッセージとして、間違ってはいません。ただ、聞き手の印象に残るかというと微妙かもしれません。なぜならば、言っていること自体に目新しさはさほどないからです。

そこで、印象に残るよう、少し違和感のある表現を取り入れてみます。この例では「論理思考は、易しくそして優しく」と表現しています。「論理思考」と「優しい」という言葉は、通常出てくる組み合わせではありません。

それゆえ、「論理思考」と「優しい」という言葉が並ぶと、普段、見聞きしない分、「あれっ？」と意外性を感じてもらえる可能性があります。受け止め方は人それぞれですので、この表現がよいかどうかの判断は受け手に委ねることになりますが、ちょっと気になるきっかけを盛り込むことはできています。

別の例を紹介します。

「思考力には、体力と耐力、2つが必要です。思考の体力は、持続性という視点での力です。ある一定以上の強度を持って、思考を維持し続けられる力です。思考の耐力は、耐性という視点での力です。考えてきたことに固執せず、一度リセットして、最初から考え直すことができる力です。人間は、どうしても、考えてきたことの流れが慣性として働くので、これまで考えてきたことを捨てたくないものです。しかし、このままの方向で続けてもあまりよい結論が出そうにないとわかった場合に、あきらめられるかが重要です。それまでの検討結果は上手くいかなかったということを受け入れて、もう一度最初からやり直そうとできるかどうかといったそんなイメージになります。思考の体力と耐力、2つを強化していきましょう」

いかがでしょうか。「体力」は馴染みのある言葉ですが、「耐力」は普段見聞きすることはあまりない単語です。本来は、材料の特性を表現する単語です。それを「体力」と合わせて使い、「思考」と結び付けて意味合いを独自に定義し、意外性を演出しています。

当たり前の内容は当たり前であるがゆえに、そのまま印象に残らず、流れていってしまう可能性があります。印象に残るようにちょっと立ち止まってもらうためにはそのきっかけが必要です。「意外性」は、立ち止まってもらうためのきっかけの1つになります。相手に何かを伝える機会を持つことができるのであれば、できる限り、印象に残して、聞き手に持ち帰ってもらいたいものです。変化をつけられないかということも選択肢に加えてみてください。

まとめ

- 普通に伝えるのではおもしろくないかもと考える
- 予想される流れとは少し違うメッセージをつなげる
- 通常意識されるモノの裏側にスポットライトを当てる
- 耳慣れない言葉をあえて使ってみる
- 少しでも印象に残したいという気持ちが工夫の源泉となる

LESSON 19

体験で伝える

伝える内容は、「体験」で伝えることも可能です。伝えたい内容を、身をもって経験をすることができるため、内容そのものについての理解度や納得感が高まります。

では、伝えたいことを「体験」で伝えるにはどうしたらいいのでしょうか。

「グラフにするといいことがある」ということを「体験」で伝えます。以下の表を見て、どの店舗が気になるか、少し考えてもらえますか。

店舗名	売上（千円）	単価（千円）	客数（人）
A	25	5	5
B	40	8	5
C	28	7	4
D	48	12	4
E	9	3	3
F	15	5	3
G	30	6	5
H	27	3	9

では、次にこちらのグラフを見て、どの店舗が気になるか、少し考えてもらえますか。

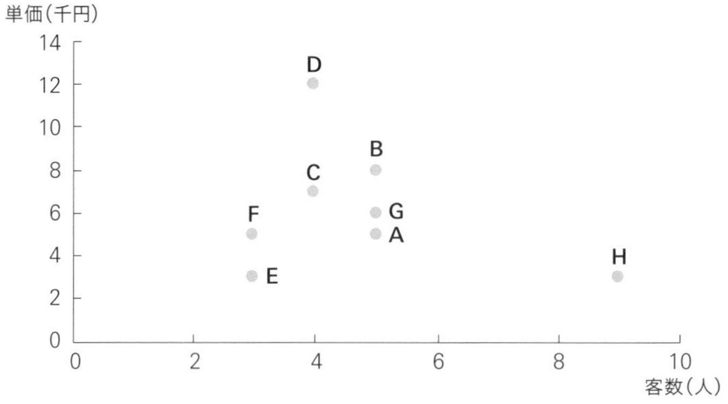

今、見ていただいたグラフは、最初に見ていただいた表のデータをグラフにしたものです。

情報は全く同じになります。前述の表の場合、どの店が気になるかと問われても、数字を細かく見ていかなければ、違いに気づけません。グラフの場合は、ほぼ見た瞬間に、ＤとＨが他の店舗とは少し異なっているということがわかります。

グラフにすることで、視覚的に情報を得ることができます。数字はグラフにできることが強みの１つです。グラフ化を心がけるようにしましょう。

このように話をすると、グラフにするといいことがあるということを「体験」を通じて伝えられます。

では「グラフにするといいことがある」ということを説明するとどんな説明ができるか考えてみましょう。１つの例ですが、以下のように説明することができます。

グラフにすることを心がけましょう。なぜなら、グラフには、視覚的に情報を得ることができるという利点があるからです。

例えば、次の表からどの店舗が気になるかを考える場合、１つひとつのセルの中の数字をみて比較していかなければなりません。

店舗名	売上（千円）	単価（千円）	客数（人）
A	25	5	5
B	40	8	5
C	28	7	4
D	48	12	4
E	9	3	3
F	15	5	3
G	30	6	5
H	27	3	9

どの店舗が、気になるでしょうか。細かく見ていかないとわかりません。そこで、これをグラフ化します。

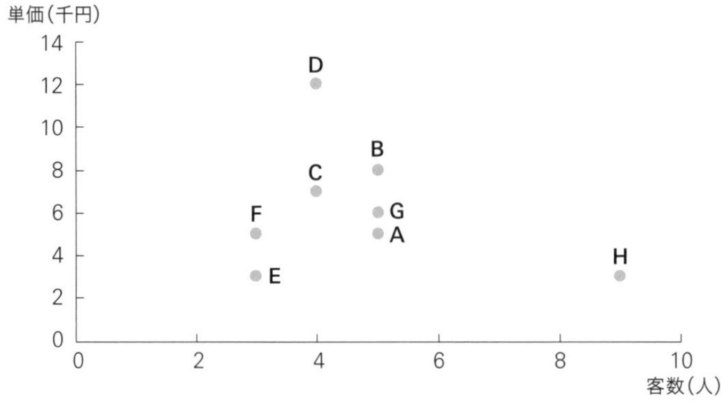

すると店舗DとHが、他の店舗とは少し異なる傾向があることが一目でわかります。

表ではわかりにくかったことが全体像をグラフで表すことによって明らかにできます。数字の強みの1つは、グラフにできることです。グラフ化を心がけていきましょう。

このように、通常は、「言いたいこと」「その理由」「具体例」という順番に説明することがわかりやすいと言われています。ただ、印象に残るかとなるとまた別です。「グラフにするといいことがある」という結論が先に出てしまっているため、後から出てくる情報に対しても驚きがありません。

そこで、伝えたいことを体験してもらうことはできないかということを考えてみましょう。まず**「体験」から始まるということに意外性があり、それだけで印象に残るというメリット**があります。どのように体験をさせるかは考える必要はありますが、上手く体験をさせることができるとその後の説明は、軽く済ませることができます。

なぜなら、体験を通じて、伝えたいことは、既に伝わっているからです。したがって、どのようなことが起こったのか整理し、その上で、何が伝えたかったのかをまとめとして言及することで、伝えたいことが伝えられるということになります。

一般的には、「言いたいこと→理由→事例」の順ですが、それを「体験→整理→まとめ（言いたいこと）」の順番に変換するということです。

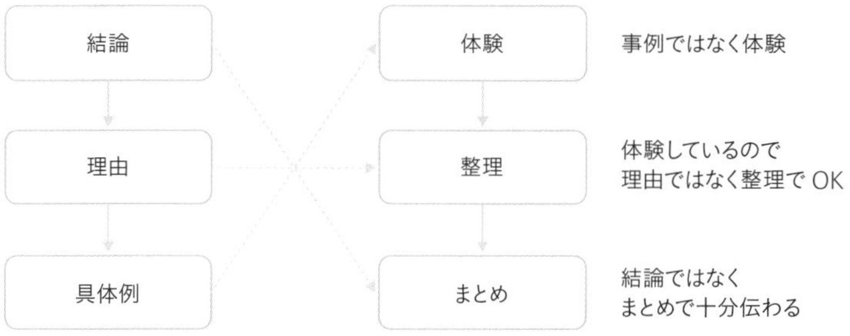

受動的に説明を受ける形で情報を受け取る場合と比べると、能動的な思考投入をした上で自らが理解できるため、内容に対する理解や納得感が高まります。より腹落ち感を持って伝えることができます。

POINT

❶ **言いたいことを考える**
❷ **言いたいことをどうすれば体験してもらえるかを考える**

❶ 言いたいことを考える

先ほどの例では、「グラフにするといいことがある」が該当します。

❷ 言いたいことをどうすれば体験してもらえるかを考える

グラフにするといいことがあるということをどうすれば体験してもらえるかを考えます。このアプローチのポイントはこのステップにあります。実際にグラフにするといいことがあるという体験を一生懸命考えることが求められます。

今回のメッセージは、「いいことがある」ということです。したがって、いいことがあるということを相対的に示すことで体験してもらうことができます。グラフを使った場合と使わなかった場合の差を示すということができればいいことになります。先の例では、以下の２つのことを体験し、その差を感じてもらうということになります。

・表の中から、特徴のあるデータを探させる
・グラフの中から、特徴のあるデータを探させる

体験が考えられたら、次の手順で体験を作っていきます。
2‒1　体験をさせる
2‒2　体験をまとめる
2‒3　最後に言いたいことを言う

2-1　体験をさせる

前述で設計した体験を積んでもらうよう働きかけます。

2-2　体験をまとめる

体験をまとめるような、問いかけを考えます。

先の例では「表では難しかったことが、簡単にできましたね。これは、何がよかったのですか？」と体験を問えば、グラフがよかったと言ってもらえるでしょう。

2-3　最後に言いたいことを言う

実際にグラフにすることの効用が体験できているため、最後に、「今、経験をしてもらったようにグラフにするといいことがあります。数字を見たら、グラフにしてみるということを心がけてみましょう」とメッセージを出すことができます。「経験をしてもらったように」と語れるかどうかがポイントです。

演習問題

「画像の情報量は多く、それを言語で表すことには、限界がある」ということを伝えるために、どのような体験を通じて伝えることができるのか考えてみてください。

解答

❶ 言いたいことを考える

言いたいことは、「画像の情報量は多く、それを言語で表すことには、限界がある」が該当します。

❷ 言いたいことをどうすれば体験してもらえるかを考える

「画像の情報量は多く、それを言語で表すことには、限界がある」ということをどうすれば体験してもらえるかを考えます。

先ほどは「いいことがある」がポイントでしたが、今回は「限界がある」が伝えたいことです。そこで、簡単な例から始め、複雑化させていく過程の中で限界を体験させるということが1つのアプローチとしてできそうです。

例えば、以下のように展開することができます。

2-1　体験をさせる

何が書いてあるか、言語で表現してください。

同様に何があるかを言語で表現してください。

同様に何が書いてあるかを言語で表現してください。

2-2　体験をまとめる

さて、最初と２つめの画像の違いについて考えてみましょう。

最初の画像の場合は、太陽と木が対象としてあるため、「太陽の下、１本の木が生えている」といった表現ができそうです。

それと比べると２つめの画像は、最初のものに何を加える必要があるでしょうか。違いは、木がもう１本増えたことになりますので、「太陽の下、木が２本生えている」と表現ができます。

ただ、２本目の木の存在は、他にも表現できる要素があることを気づかせてくれます。１つは木の形です。最初は、木が１本しかなかったので注目はされにくかった要素ですが、広葉樹のイメージの木なのか、針葉樹のイメージの木なのかを区別する必要があります。また、高さが違うので、高さにも言及することができるということです。そして、位置についても言及ができるということがわかります。

最後に３枚目の画像について考えてみましょう。「バッタ」、「鳥」、「キリン」と対象がさらに加わりました。対象となる要素がさらに増えたことによって、言葉で表すことの複雑さが増してきていることがイメージできているのではないでしょうか。

2-3　最後に言いたいことを言う

では、仮に、この画像がこれらの対象物が写ったカラー写真だったと想像をしてみてください。色合いを表現する必要があります。

また、背景にも情報が載ってくる可能性があります。言葉ですべてを表現することは、簡単ではないということがイメージしていただけたのではないでしょうか。

STEP UP!

今回示したように、「いいことがある」ということを伝えるためには、いい場合とそうでない場合を比較して体験してもらうことができれば、印象的なメッセージとして伝わります。同様のやり方で、難しいということを伝えるメッセージも体験が可能です。

また、「限界がある」といったメッセージも簡単なものから複雑なものへ連続的に体験を変えていくことで体験を設計することは可能でした。

伝えたいことがすべて体験を通じて伝えられるとは限りません。ただ、考えてみるとアイディアが出てくるのも事実です。伝えたいことをそのまま言葉で伝えることももちろん大切ですが、体験で伝えられないかということも伝え方の方法として、身につけていくようにしましょう。

まとめ

- **体験を通じて伝えることができることを理解する**
- **結論、理由、事例ではなく、体験、整理、まとめの順番にする**
- **言いたいことを体験に変える努力をする**
- **いいことの体験、難しいことの体験は比較的作りやすい**
- **すべてが体験で伝えることができる訳ではないことを心得ておく**

LESSON 20 問いかけて伝える

伝えたい内容を問いかけることによって相手に伝えることが可能です。問いかけるとその問いの答えを相手は考えようとします。つまり問いによって、「考え」を相手に想起させることができるということです。そうすると、「考え」は自らが伝えなくとも、相手がその「考え」を想起すれば、結果的に「考え」が伝わったことになります。では、どう問いかければ上手く伝えることができるのでしょうか。問いかけて伝えることのメリットは何なのでしょうか。

「昼夜間の営業から24時間営業に変えるとマルチタスクをこなせるスキルが店員に求められることになる」ということを説明してみましょう。

例えば、以下のような説明が可能です。

「一般的に、昼夜間と比べると深夜や早朝の顧客は少なくなります。そのため、深夜や早朝の店員数は少なくなります。一方で、店として提供する商品やサービスは変わりません。そうすると、提供する商品やサービスが変わらない中で、深夜や早朝は、より少ない人数で対応しなければならなくなるということです。そうすると、1人ひとりが担う役割は増えることになります。24時間営業にするとマルチタスクをこなせるスキルが店員に求められることになります」

この説明を図示すると、次のようになります。

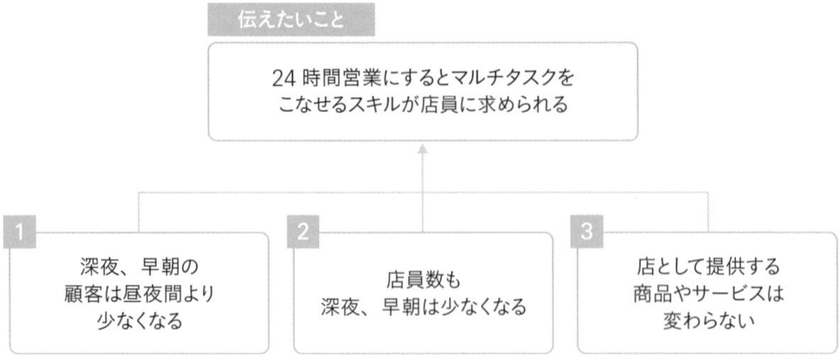

では、同じことを問いかけによって伝えます。

「24時間営業にするとどんなスキルが店員に求められるのか考えてみることにしましょう。

まず、お客さんの数は、一般論としては、深夜や早朝は昼夜間と比べるとどう変わりますか？」

（減る）

「そうですね、そうすると店員の数はどう変わりますか？」

（減る）

「では、24時間営業にした場合、お店が提供する商品やサービスは変わりますか？」

（変わらない）

「そうですね、ということは、従業員の数は減る、お店が提供している商品やサービスは変わらないとなると一人ひとりに求められる役割はどう変わりますか？」

（増える）

「そうですよね、そうすると、24時間営業にするとどんなスキルが店員に求められることになりますか？」

（マルチタスクで複数の業務を遂行できるスキル）

このように問いを重ねることによって、伝えることができます。

実際に行っていることは前述の図の下段の箱の中にある情報を順番に相手に答えてもらっていることになります。問いかけることによって、以下の3つの情報を相手に渡しているということになります。

・深夜、早朝の顧客数は、昼夜間と比べると少なくなる
・店員数も深夜、早朝は少なくなる
・店として提供する商品やサービスは変わらない

もし、いきなり、「24時間営業にすると店員にはどのようなスキルが求められますか」と問うてしまうと、何の下地もない中で考えなければならないため、どんな回答が出てくるかわかりません。

一方、先ほどの3つの情報を相手に渡した後であれば、最終的に伝えたいことを相手が言ってくれる確率は高まります。

問いかけることによって、相手に考えさせることができます。考えた答えは、その問いかけの結果、相手から出てくる情報です。その情報を伝えてしまうというのも1つのやり方ですが、問いかけて、答えが出るのであれば、情報を伝えた結果と同じ状況をつくることができます。**両者の間でやりとりされる情報をどちらが出したかの違いでしかありません。**問いかけることによって伝えることができるということです。

情報をどちらが出したのかの違いでしかない

POINT

❶ **言いたいことを図示して表現する**

❷ **下段の情報が答えとなるような問いを準備し投げかける**

❸ **最後に上段の言いたいことが答えとなるような問いを準備し投げかける**

❶ 言いたいことを図示して表現する

先ほどの例を図示すると以下のようになります。

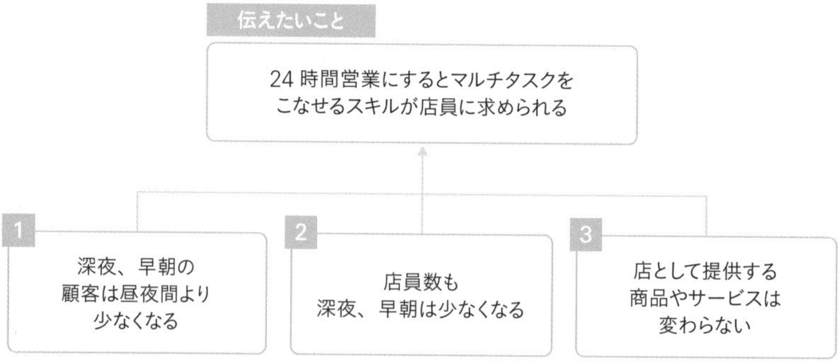

❷ 下段の情報が答えとなるような問いを準備し投げかける

1つめの「深夜、早朝の顧客は昼夜間より少なくなる」が答えになるような問いを考えます。そのまま、「深夜、早朝の顧客は、昼夜間と比べてどう変わりますか」でよさそうです。1点気をつけておきたいことは、答えの裏返しになるような直接的な問いかけを避けるということです。「顧客は、少なくなりますか」と問いかけてしまうと誘導的な印象を与えてしまいます。

2つめの「店員数も深夜、早朝は少なくなる」が答えになるような問いを考えます。先ほどと同様に、裏返しに注意し、「店員の数は、深夜、早朝は昼夜間と比べてどのように変わりますか」と問うことができそうです。

3つめの「店として提供する商品やサービスは変わらない」を考えます。「店として提供する商品やサービスは変わりますか」という直接的な問いかけにしてしまうと、「変わらない」ということを言わせようという印象になってしまいます。

そこで、変わるか変わらないかだけが注目されるような聞き方を避けて、丁寧に「昼夜間と深夜、早朝、店として提供する商品やサービスは変わりますか」と問うことで中立的なニュアンスを出すことができます。

ここまでで、以下の3つが理解されている状況をつくることができます。

・深夜、早朝の顧客数は、昼夜間と比べると少なくなる
・店員数も深夜、早朝は少なくなる
・店として提供する商品やサービスは変わらない

❸ 最後の上段の言いたいことが答えとなるような問いを準備し投げかける

最後に、伝えたいことを問いに変えて、「24時間営業にすると店員にはどのようなスキルが求められると思いますか」を問いかけてみましょう。

もしくは、より丁寧に、「『店員の人数は減る』、一方で『店として提供する商品やサービスは変わらない』となると一人ひとりに求められる役割はどう変わりますか」と問うことも可能です。

演習問題

「24時間営業にすると店員には高度な顧客対応力が求められる」ということを次のように説明したいと考えています。

「昼夜間と深夜、早朝を比べると深夜、早朝には、昼夜間とは違った顧客対応が求められます。具体的には、酔った顧客。どこかでアルコールを飲んだ上で来店するということが考えられます。また、深夜、早朝という時間帯を考えると寝てしまう顧客も考えられます。通常とは少し異なった状態の酔った顧客、寝てしまっている顧

客への対応の難易度は、通常の状態の顧客に対応するよりもあがります。高度な顧客対応力が店員に求められることになります」

これを問いで導いてみてください。

解答

❶ 言いたいことを図示して表現する

図示すると以下のようになります。

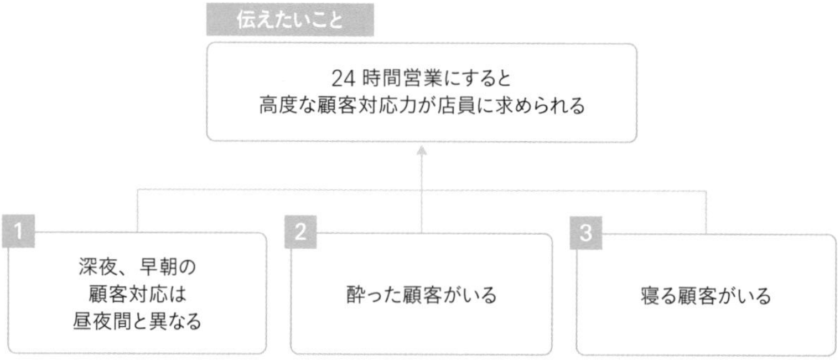

❷ 下段の情報が答えとなるような問いを準備し投げかける

1つめは、「深夜、早朝の顧客対応は昼夜間と異なる」が答えとなるような問いを考えます。裏返しの問いかけにならないよう注意し、「深夜、早朝の顧客対応と昼夜間の顧客対応は、変わりそうか」と問いかけてみることができそうです。

補足的に、「来店する顧客は、変わりそうか」ということを問いかけてもよいでしょう。

2つめは、「酔った顧客がいる」が答えとなるような問いを考えます。「どんな顧客が深夜や早朝にいますか」と問いかけてしまうといろいろな可能性が広がってしまいます。
そこで、例えば、「どんな状態のお客さんが深夜になると来ることになるか」と問いかけることで酔った顧客ということを答えてくれそうです。「どんな顧客」ではなく「どんな状態の顧客」と「状態」という情報を加えることで答えを絞ることができます。

3つめは、「寝る顧客がいる」が答えになるような問いを考えます。これも「顧客は何をしますか」と問うといろいろな可能性が出てきてしまいます。そこで、例えば「やってきたお客さんは深夜になるとどんなことをしてしまう可能性がありますか」と問うことで「寝る人がいる」と答えてくれそうです。「深夜」という状況設定と「してしまう可能性」といったややネガティブな印象を与える言葉を加えることで答えを絞ることができます。

❸ 最後に上段の言いたいことが答えとなるような問いを準備し投げかける

最後に「高度な顧客対応力が必要」が答えになるような問いを準備します。
ここまでを問いで表現すると以下のようになります。

「深夜、早朝の顧客対応は昼夜間と変わりそうか」
（変わる）
「では、どんな状態の顧客がいるか」
（酔った顧客）
「やってきたお客さんは深夜になるとどんなことをしてしまう可能性がありますか」
（寝る）

・顧客対応は変わる
・酔った顧客がいる
・寝る顧客がいる
という3つの情報を渡すことができています。

そこで、「求められる顧客対応力は、昼夜と比べて深夜、早朝の難易度はどう変わるか」

「24時間営業にすると店員に何が求められるか」と問いかけることで、「より高度な顧客対応力が24時間営業をすると店員に求められる」ということを答えてくれる可能性が高まります。

STEP UP!

最後に問いかけて伝えることのメリットとリスクを整理しておきます。

・問いかけで伝えることのメリット

伝える際に、自分から説明することももちろんできますが、問いかけることによって自分の伝えたいことを相手から引き出すことができます。相手から捉え直すと情報を与えられてそれを聞いて理解したのではなく、その情報は自らが考えて導き出したモノであるという認識になります。

最終的に出した結論も、自分が出した情報を積み上げることによって得られた結論ですので、自分で気づくことができた結論という認識になります。**最終的な結論に対する納得感は、誰かに説明された場合よりも高くなります。**

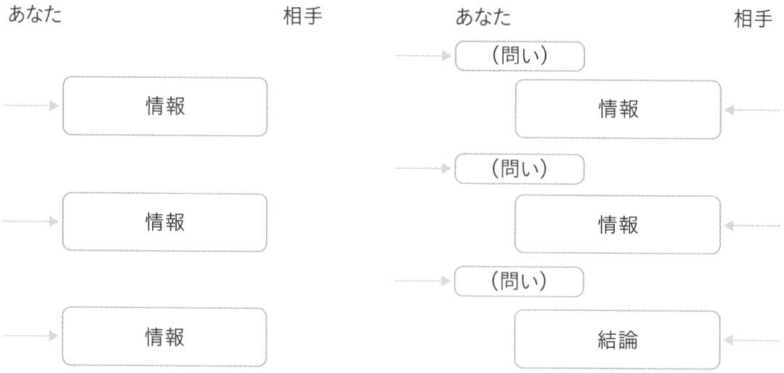

あなたが与えられたものではなく、相手が自ら導き出したモノになる

・問いかけで伝えることのリスク

一方で、リスクは、想定外の情報が出てきてしまうことです。そうならないようどのような問いかけにすればよいのかをしっかりと考える必要があります。また、それでも想定外の情報が出てくる可能性はありますので、その場合にはどのように修正していくのかを考える必要があります。

結果的に修正が上手くいけばよいですが、問いかけたがゆえに想定外の方向に話が流れてしまい、収拾がつかなくなってしまうという可能性もゼロではありません。相手に委ねる部分が増えることになりますので、しっかりと準備をするようにしましょう。

問いかけて伝えるというやり方は、決してやさしい伝え方ではありません。

ただ、上手く問いかけることができれば、気づきを与えることができます。また、聞き手にとっては結論を自分事化できますし、その結果、納得感が高まり、自律性のある行動につながるなど、問いかけることの効用は意外に大きいものです。問いかけで伝えるという選択肢も持てるよう、努力していきましょう。

まとめ

- 問いかけることでも伝えられる
- 言いたいことを図示することがスタートになる
- 末端の情報が答えとなるような問いを準備する
- 問いは、言わせたいことの裏返しや誘導にならないように工夫する
- 気づきや納得感につながるアプローチである

CHAPTER 5　ESSENCE

17 後でつながる意外性を演出してみよう。それは相手のことを思っての工夫以外の何物でもない

18 伝える機会があるのなら、印象に残そう。そのために変化をつけて意外性を盛り込もう

19 頭で理解するよりも、やってみて理解できる方が定着率は高い！　体験で伝えることもレパートリーに加えていこう

20 問いによって自分の伝えたいことを相手に言ってもらおう。理解も説得力も全然違う。なぜならそれは相手が自分で考えたことになるから

卒業試験

桜前線は、1日約20kmで北上すると言われています。
これを小学生にわかりやすく伝えるにはどうすればよいか考えてください。

1日に約20km進むということを伝えても、小学生にはおそらく20kmという距離のイメージがつかないでしょう。そこで例えば、「お家からサッカーの試合をするグラウンドが20kmぐらい」と身近な「20km離れた場所にあるもの」を示すことは1つのやり方でしょう。

また、1日ではなく秒速でどの程度になるかを計算することもできます。

20km÷24時間÷3600秒＝約23cm/秒

毎秒約23cmとなります。もし、割り算ができる年次の小学生であれば、次のように伝えていくことができます。

あなた：桜前線は、1日に約20km、北上するんだけど、20kmって具体的にどのくらいの距離になるかな？
小学生：(好き好きに答える)

あなた：じゃあ、1秒あたりにどのくらい進むことになるのか計算してみよう！
小学生：23cm

あなた：そうだね、では、23cmに近いモノってどんなものがあるか考えてみよう！
小学生：お母さんの靴のサイズ(注)

あなた：そう、桜前線は、1日に約20km北上するんだけど、これって1秒毎にお母さんの靴のサイズ分だけ、少しずつ北上することになるんだよね。

(注) 日本人の女性の平均の足のサイズが大体23cmです。

最後の卒業試験は、「相手から考える」「どうすればわかりやすく伝わるか」をよりイメージして考えやすいようあえて小学生に対してという設定にしました。そして、LESSON20で紹介した「問いかけて伝える」やり方を紹介しました。

このエピソードは、10年以上前に読んださだまさし著の『本気で言いたいことがある』(新潮新書) にあったものです。10年経った今もしっかりと記憶に残っています。

伝える、話すという行為は、日常的な取り組みです。ということは、実践のチャンスは日々、無数にあるということです。もちろん、すべての場面でしっかり考えようとすると逆にプレッシャーになってしまいます。日々の中から、ここは少し丁寧に考えてみようと意識し、チャレンジすることで力は間違いなくついていきます。日々の積み重ねを大切にしてください。

伝えたいことを単に伝えるだけではなく、

・相手にとってどうか (CHAPTER 1・CHAPTER 3)
・どうあればわかりやすいのか (CHAPTER 2・CHAPTER 4)
・更に工夫して伝えられないか (CHAPTER 5)

を考え、あなたからのメッセージという贈り物をたくさん届けられるようにしてください。

あとがき

『入社1年目から差がつく　ロジカル・シンキング練習帳』『入社1年目から差がつく　問題解決練習帳』に続き、今回、3度目の機会をいただくことができました。これまでの2冊は、自分でしっかり考えようという方向での頭の使い方でした。今回の「伝える」というテーマは、相手の存在がそこに加わります。考慮しなければならない対象が増えるため、難易度がひとつあがります。また、話すという観点では、アナウンサーや司会者、書くという観点では作家やコラムニストといった専門の方々が多く存在する領域でもあります。そして、伝えることに関連する書籍も数多く存在するのも事実です。難しいテーマであり、かつ、他の方々の知見が多く世の中にある中で、何を特長とできるのかを考えながらの執筆でした。

結論は自分の経験を中心に書く以外にはないということでした。普段から心がけていることを等身大で言葉にすること以上のことはできませんし、逆にそれ以外にはやりようがありません。ビジネス・スクールの現場で講師として、どうあるとわかりやすいのかと工夫していること、組織の構成員として、仕事の中で意識していることを記してみました。一個人が工夫していることがどこまで汎用性を伴ってなるほどと受けとめていただけるのかはわかりません。ただ、受講された皆さんからのアンケートにわかりやすいというコメントをいただける機会が少なくないことも事実ではあります。日常の伝えるという状況において、何らかのヒントになれば幸いです。

最後に、読み手の立場からどうあるといいのかという視点で丁寧にサポートいただいた東洋経済新報社の若林千秋氏、数々の出版経験を踏まえアドバイスをしてくれた同僚の嶋田毅氏、そして、クラスおよび職場で伝えるという日々の実践の中で、相対してくれているクラスのメンバならびに職場の仲間に感謝の意を述べ、筆をおきたいと思います。

令和5年4月

[参考図書]

照屋華子、岡田恵子著
『ロジカル・シンキング』東洋経済新報社、2001年

グロービス経営大学院著
『改訂3版　グロービスMBAクリティカル・シンキング』ダイヤモンド社、2012年

バーバラ・ミント著、山﨑康司訳、グロービス・マネジメント・インスティテュート監修
『新版　考える技術・書く技術』ダイヤモンド社、1999年

戸田山和久著
『論文の教室』日本放送出版協会、2002年

古賀史健著
『取材・執筆・推敲　書く人の教科書』ダイヤモンド社、2021年

大野晋著
『日本語練習帳』岩波新書、1999年

石黒圭著
『文章は接続詞で決まる』光文社新書、2008年

阿部紘久著
『文章力の基本』日本実業出版社、2009年

井上ひさしほか文学の蔵編
『井上ひさしと141人の仲間たちの作文教室』新潮文庫、2001年

柿内尚文著
『バナナの魅力を100文字で伝えてください』かんき出版、2021年

山田ズーニー著
『あなたの話はなぜ「通じない」のか』ちくま文庫、2006年

【著者紹介】
グロービス
1992年の設立以来、「経営に関する『ヒト』『カネ』『チエ』の生態系を創り、社会の創造と変革を行う」ことをビジョンに掲げ、各種事業を展開している。グロービスには以下の事業がある。

- ●学校法人グロービス経営大学院
  - ・日本語（東京、大阪、名古屋、仙台、福岡、オンライン）
  - ・英語（東京、オンライン）
- ●グロービス・エグゼクティブ・スクール
- ●グロービス・マネジメント・スクール
- ●企業内研修／法人向け人材育成サービス
  （日本、中国、シンガポール、タイ、米国、欧州）
- ●出版／電子出版
- ●GLOBIS知見録／GLOBIS Insights（オウンドメディア）
- ●GLOBIS学び放題／GLOBIS Unlimited（定額制動画学習サービス）
- ●グロービス・キャピタル・パートナーズ（ベンチャーキャピタル事業）

その他の活動
- ●一般社団法人G1（カンファレンス運営）
- ●一般財団法人KIBOW（インパクト投資、被災地支援）
- ●株式会社茨城ロボッツ・スポーツエンターテインメント
  （プロバスケットボールチーム運営）

【執筆者紹介】
岡　重文（おか　しげふみ）
京都大学大学院工学研究科応用システム科学専攻修士課程修了。工学修士。NTTデータに入社。プライスウォーターハウスクーパースを経て、2000年、グロービスに入社。企業研修担当、e-Learning事業の立ち上げに関与したのち、経営管理本部にて、情報システム部門ならびに人事・総務を統括。現在は、ファカルティ本部にて、コンテンツの開発や講師の育成業務に関わる。思考領域の責任者。著書に、『ロジカル・シンキング』（PHP研究所）、『入社1年目から差がつく　ロジカル・シンキング練習帳』『入社1年目から差がつく　問題解決練習帳』（ともに東洋経済新報社）。

入社1年目から差がつく　ロジカル・アウトプット練習帳

2023年6月13日発行

著　者――グロービス
執筆者――岡　重文
発行者――田北浩章
発行所――東洋経済新報社
〒103-8345　東京都中央区日本橋本石町 1-2-1
電話＝東洋経済コールセンター　03(6386)1040
https://toyokeizai.net/

ブックデザイン……成宮　成［dig］
D T P…………アイランドコレクション
印　刷…………港北メディアサービス
製　本…………積信堂
編集担当………若林千秋

ISBN 978-4-492-53466-3